메콩강소년의 기도

누군가를 위한 간구

KB191674

누군가를 위한 간구

·**초판 1쇄 발행** 2021년 2월 20일

·**지은이** 정도연
·**펴낸이** 민상기
·**편집장** 이숙희
·**펴낸곳** 도서출판 드림북
·**인쇄소** 예림인쇄 **제책** 예림바운딩
·**총판** 하늘유통(031-947-7777)

·**등록번호** 제 65 호 **등록일자** 2002. 11. 25.
·경기도 의정부시 가능1동 639-2(1층)
·Tel (031)829-7722, Fax(031)829-7723

누군가를 위한 간주

정도연 저

드림북

들어가는 글

"너는 기도할 때에 네 골방에 들어가 문을 닫고 은밀한 중에 계신 네 아버지께 기도하라 은밀한 중에 보시는 네 아버지께서 갚으시리라 또 기도할 때에 이방인과 같이 중언부언하지 말라 저희는 말을 많이 하여야 들으실 줄 생각하느니라 그러므로 저희를 본받지 말라 구하기 전에 너희에게 있어야 할 것을 하나님 너희 아버지께서 아시느니라(마 6:6-8)"

저는 기도를 글로 쓰면서 해 왔습니다. 힘들고 고독할 때 그렇게 기도를 쓰면서 하나님의 위로를 경험했습니다. 그리고 성도들에게도 그렇게 하도록 권면하였습니다. 그렇게 쌓인 기도는 제 삶의 증인이고 흔적입니다.

예수님은 좁은 길, 주의 이름으로 모이는 한두 사람. 많은 사람이 오가는 큰 거리 어귀가 아닌, 골방에서 문을 닫고 만나자고 하셨습니다. 코로나 19로 강요받은 제 삶의 변화 하나는 홀로 있는 시간을 더 만들라는 것입니다. 격리를 기도의 골방에 들어가 예수님과 독대하라는 뜻으로 받아들였습니다.

그동안 써 놓은 기도문 중에서 남아있는 것들을 찾아 책으로 묶기로
했습니다. 우리가 사는 동안 여러 뜻하지 않은 격려를 경험해야 하는
시간, 그 고독의 순간에 하나님 앞에 우리의 기도를 펼쳐 놓고 주님의
위로를 만났으면 하는 바람입니다. 그러므로 주께서 가르쳐 주신 기도
로 저의 기도를 시작합니다.

하늘에 계신 우리 아버지, 아버지의 이름을 거룩하게 하시며, 아버지
의 나라가 오게 하시며, 아버지의 뜻이 하늘에서와 같이 땅에서도 이루
어지게 하소서. 오늘 우리에게 일용할 양식을 주시고, 우리가 우리에게
잘못한 사람을 용서하여 준 것같이, 우리 죄를 용서하여 주시고, 우리
를 시험에 빠지지 않게 하시고, 악에서 구하소서. 나라와 권능과 영광
이 영원히 아버지의 것입니다. 아멘.

사도신경으로 저의 신앙을 고백합니다.

나는 전능하신 아버지 하나님, 천지의 창조주를 믿습니다. 나는 그의
유일하신 아들, 우리 주 예수 그리스도를 믿습니다. 그는 성령으로 잉
태되어 동정녀 마리아에게서 나시고, 본디오 빌라도에게 고난을 받아
십자가에 못 박혀 죽으시고, 장사된 지 사흘 만에 죽은 자 가운데서 다
시 살아나셨으며, 하늘에 오르시어 전능하신 아버지 하나님 우편에 앉

아 계시다가, 거기로부터 살아 있는 자와 죽은 자를 심판하러 오십니다. 나는 성령을 믿으며, 거룩한 공교회와 성도의 교제와 죄를 용서받는 것과 몸의 부활과 영생을 믿습니다. 아멘.

기도집을 내며

메콩강소년 정도연 선교사

목 차

제1부

기도란

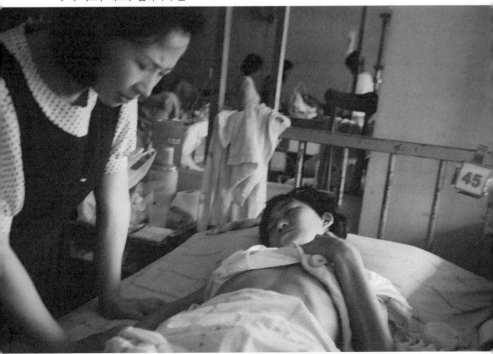

깊은 산속 아카족 마을에 전도를 갔다가, 허벅지 뼈가 부러져 누워있는 한 젊은 형제를 만났다.
병원으로 옮겨 썩어가는 다리를 절단하고 희망을 놓지 않는 그의 마지막 미소가 너무 가슴 아팠다.

복의 근원

하나님은 약속의 자녀가 먼저 원수를 위해 기도하는 자가 되기를 바라셨다. 약속의 자녀는 '복의 근원'이기 때문이다.

아브라함이 하나님의 약속을 받은 지 24년 즈음에 이방의 왕 아비멜렉이 그의 아내를 욕보이려 했다. 그때 아브라함이 그 원수를 위해 하나님께 기도하자, 하나님께서는 사라로 인해 아비멜렉 집의 모든 태를 닫으셨던 것을 치료하시고 다시 생산케 하셨다(창 20:17-18). 이 일이 있고 난 후에 아브라함은 사라를 통해 하나님이 약속하신 자녀 '이삭'을 얻게 된다.

하나님은 이방인의 생명을 담보로 약속의 자녀가 하나님과 호흡하는 기도 가운데 들어오길 바라셨다.

> "그가 너를 위하여 기도하리니 네가 살려니와 네가 돌려보내지 않으면 너와 네게 속한 자가 다 정녕 죽을 줄 알지니라(창 20:7)"

하나님의 약속이 이루어지길 바란다면 원수의 가정에 생명의 복이 임하길 기도하는 게 먼저다. 구원받은 죄인이 이웃과 이방인, 또는 원수를 위해 가장 쉽게 할 수 있는 사랑이 기도다.

기도는 1

기도는 자랑이나 간증이 될 수 없다.

"너희는 기도할 때에 외식하는 자와 같이 하지 말라 그들은 사람에게 보이려고 회당과 큰 거리 어귀에 서서 기도하기를 좋아하느니라 내가 진실로 너희에게 이르노니 그들은 자기 상을 이미 받았느니라(마 6:5)"

내 기도가 다른 사람의 일상생활을 방해하지 않도록 조심해야 한다.

"너는 기도할 때에 네 골방에 들어가 문을 닫고 은밀한 중에 계신 네 아버지께 기도하라 은밀한 중에 보시는 네 아버지께서 갚으시리라(마 6:6)"

기도와 삶은 하나이지 둘로 분류할 수 없다.

"또 기도할 때에 이방인과 같이 중언부언하지 말라 그들은 말을 많이 하여야 들으실 줄 생각하느니라(마 6:7)"

기도의 유익은, 기도했기 때문에 받는 것이 아니고 기도를 통해 이미 받은 것과 구하는 것의 참 필요를 깨닫는 은혜다.

"그러므로 그들을 본받지 말라 구하기 전에 너희에게 있어야 할 것을 하나님 너희 아버지께서 아시느니라(마 6:8)"

기도는 2

기도는 이미 주어진 완전한 하나님 나라를 날마다 간절히 바라는 것이다. 이미 주어진 것을 간절히 바라기 위해서는 에너지가 필요하다. 그게 바로 주기도문에서 말씀하는 일용할 양식이다.

일용할 양식을 구하려면 반드시 먼저 배고픔과 굶주림의 과정이 있어야 한다. 처절한 배고픔을 맛보지 않은 사람은 절대로 먹을 것을 구하지 않는다.

성도는 심령이 가난한 자다. 세상의 소산으로는 참 생명의 양식을 얻을 수 없다는 것을 아는 자다. 하나님의 말씀에 굶주리고 목마름을 인정하고 경험하며 사는 자다.

절대 가난 속에 있는 성도에게 꼭 필요한 일용할 양식은 하나님의 말씀이다. 하나님의 말씀에 대한 굶주림이 '의'다. 그 '의'에 주리고 목마른 자에게서 터져 나오는 것이 진정한 기도다.

기도하라

우리 아버지 하나님은 구하면 약속하신 것을 주겠으니 '구하라'고 하셨다(눅 11:10). 기도하는 사람은 이미 그 안에 거룩하고 깨끗한 진리의 말씀이 들어와 있다는 것이다. 우리는 율법적 행위로 드리는 예배가 아닌 예수그리스도의 영, 성령으로 속사람이 변화되어 자신을 산 제사로 드리는 예배를 드리게 해 달라고 기도해야 한다. 우리의 율법적 행위로 우리와 이방 가운데 더러워진 아버지의 이름이 다시 거룩하기를 위해 기도해야 한다. 거룩하신 아버지의 이름을 위해 나를 거룩하게 아끼시겠다는 약속을 지켜달라고 떼를 써야 한다. 하나님께서 하시는 일, 은혜와 사랑은 오직 하나님의 이름을 거룩하게 하는 것뿐이다. 이것이 하나님의 약속이다. 우리의 기도는 이 약속을 지켜 달라는 것이어야 한다.

역순(逆順)으로 읽는 팔복(마 4:17~5:10)

천국은 의를 위하여 핍박을 받은 자의 나라다. 의를 위하여 핍박을 받은 자는 화평케 하는 자며, 화평케 하는 자는 내가 비록 억울한 누명을 쓸지라도 이웃의 화평을 지켜주는 하나님의 아들이다.

하나님의 아들은 하나님의 뜻을 깨달아 아는 자다. 하나님의 뜻을 아는 자는 마음속에 오직 예수 한 분뿐인, 마음이 청결한 자다.

마음이 청결한 자는 하나님께 긍휼히 여김을 받은 자다. 하나님께 긍휼히 여김을 받은 자는 하나님께서 내 죄악을 발로 밟으시고 나의 모든 죄를 꺼내 깊은 바다에 던져 달라고 하나님의 긍휼을 간구하는 자다(미 7:19).

하나님의 긍휼을 간구하는 자는 예수그리스도 한 분으로 배부른 자다. 예수로 배부른 자는 하나님과 피조물 사이의 의무와 책임을 홀로 유일하게 완성하신 예수그리스도의 십자가, 그 의에 주리고 목마른 자다.

십자가의 의에 주리고 목마른 자는 하나님께서 약속하신 땅, 교회를 기업으로 받은 거룩한 성도다. 예수그리스도를 교회의 머리로 삼고 그의 몸 된 지체가 된 자는 세상의 어떤 상황에서도 흔들리지 않고 묵묵히 하나님의 약속을 믿어 강하고 담대하되 온유한 자다.

온유한 자는 하나님의 위로를 받은 자다. 하나님의 위로를 받은 자는 자기 자랑거리 속에 숨겨진 죄를 깨닫고 토해내고 회개하며 애통해하는 자다.

애통해하는 자는 천국을 소유한 자다. 천국을 소유한 자는 불순종의 열매, 자기 자랑을 모두 비워낸 가난한 심령에 오직 순종의 열매인 하나님의 영광으로만 가득 찬 자다.

만남과 기도

성도는 매일 이어지는 세상의 만남을 기도의 영역으로 넓히고 하나님의 사랑을 실천하는 거룩한 기회로 삼아야 한다. 오늘 내 만남이 거룩한 만남이 되기 위해서는 기도라는 하나님과의 만남을 통해 하나님의 뜻을 묻는 우선순위가 있어야 한다. 불순종의 유혹이 도사리고 있는 만남이라면 그를 순종의 길로 인도해야 할 책임이 내게 주어졌다는 것을 깨닫고 기도해야 할 것이다. 순종의 만남이라면 낯선 상황에서도 물러서지 않고 순종을 연장해 가기 위한 담대함과 성실함을 위해 기도해야 한다.

사울형 기도(삼상 28장)

사울이 블레셋 군대를 보고 두려워 떨며 여호와께 묻지만, 여호와는 대답하지 않는다. 사울은 변장하고 자기가 멸하였던 무당 중 살아남은 자 하나를 찾아가 기도를 부탁한다. 자기 죄가 두려우면 회개하다가 자기 욕망의 기력이 다하여 하나님 앞에 쓰러져야 하는데, 사울은 블레셋이 두려워 음식을 먹지 못했다가 무당 앞에서 쓰러지며 무당의 동정을 받는다. 여호와의 이름을 불렀지만, 사울이 원한 것은 자기 영광을 위해 들러리 서주는 여호와였지, 진정 믿고 의존하며 사는 여호와는 아니었다.

내가 먼저 하나님 앞에서 기력이 쇠할 때까지 회개하며 기도하지 않은 채 남에게 하는 '기도 부탁'은, 마치 나의 절실함을 용하다는 무당에게 대신 빌어달라고 부탁하는 격이다. 누군가를 찾아가 기도를 부탁하기 전에 내가 믿고 의존하는 대상이 여호와인가를 먼저 점검해야 한다. 기도 운동을 일으키려는 일에만 앞장서기보다, 먼저 기도하는 자가 되어야 한다.

나를 위한 간구도(막 1:40-45)

한 나병 환자가 예수께 와서 꿇어 엎드려 이렇게 간구하였다.

- 원하시면 저를 깨끗하게 하실 수 있나이다

예수께서 불쌍히 여기사 손을 내밀어 그에게 말씀하셨다.

- 내가 원하노니 깨끗함을 받으라

그러자 그가 곧 깨끗하여졌다.

나를 위한 간구에서 가장 중요한 것은 지금 내가 처한 상황과 현실이 하나님의 뜻 가운데 있다는 믿음이다. 지금 내가 원하는 것도 주님의 뜻이어야만 이루어질 수 있다는 것이 믿음의 기도다.

누군가를 위한 간구는(막 2:1-12)

한 중풍 병자를 네 사람이 메고 지붕을 뜯어 예수님이 계신 곳으로 달아 내렸다. 예수께서 그들의 믿음을 보시고 중풍 병자에게 '네 죄 사함을 받았다' 하시고 '일어나 네 상을 가지고 집으로 가라' 하셨다.

누군가를 위해 기도할 때는 그 기도의 대상을 중심으로 하나 되어 예수님을 찾아야 하고, 기도의 응답보다 인생의 근본적인 문제는 죄라는 사실을 먼저 깨달아야 한다. 그 대상이 변하는 것을 보고 그를 위해 기도하는 사람은 물론, 그를 바라보는 모든 사람이 죄를 사하신 하나님께 영광을 돌려야 한다.

기도하라는 사인

울산 D교회를 담임하는 B목사님은, 교회에는 여러 의견이 있을 수 있는데 자기는 항상 기도와 말씀 속에서 하나님의 뜻을 깨닫기 원한다고 했다.

몇 년 전 한겨울에 내가 선교 보고차 그 교회를 방문했을 때다. 편안한 어른의 풍모를 가지신 이 목사님이 저녁 식사 중에, 자신은 매 주일 밤 예배를 마치면 항상 산 기도를 가는데 함께 가겠느냐고 물었다. 이 추운 날씨에 어떻게 산에서 기도하시냐고 했더니 목회를 시작한 이후 비가 오나 눈이 오나 평생 해 오는 일이라고 말했다.

더운 나라에서 살다가 겨울에 한국에 일정이 있어 나왔던 터라 몸 상태가 좋지 않을 때였다. 추워서 가기 싫다고 했더니 사모님을 불러 두꺼운 파카를 가져오라고 했지만 다른 일정을 핑계로 산 기도에 따라가지 못한 내가 부끄러웠다. 쉼 없이 밀려오는 낯선 상황에 대한 두려움과 염려가 있던 내게, 기도하라는 주님의 신호였는데.

기도 1

"여호와께서 너를 지켜 모든 환난을 면케 하시며 또 네 영혼을 지키시
리로다(시 121:7)"

하나님께서 우리가 당한 환난을 면케 하심은
단순히 육체의 불편함을 덜어주기 위함이 아니다.
우리의 영혼을 지켜주시기 위해서다.

우리가 환난 속에서 간구하는 기도는
고난을 통해 깨닫게 하시려는 하나님의 뜻과
영혼이 소생케 됨을 구해야 한다.

기도 2

성도는 누군가를 위해

기도하는 과정 가운데

하나 되어 살아가는 존재다.

내가 누군가를 위해

기도하고 있다는 것은

누군가는 나를 위해

기도하고 있다는 증거다.

성도는

기도의 증인들로

우주적 교회공동체에 속한 자다.

기도 3

사랑하는 자가
더 마음 졸이며
더 간절하게 기도하면서도
더 마음 아파하고

자기 몸을 내어주면서도
더 주지 못해 미안해하고
자기가 베푼 사랑을
더 부끄러워하는 것,
참사랑이다.

사랑은
받는 자에 의해
녹아 사라지는 눈이 될 수도

봄비가 되어
생명을 자라게 할 수도 있다.

주여!
내가 참사랑을 감사하고
내가 받은 사랑은
봄비가 되게 하소서.

고독한 기쁨

주여.

나의 여정에

동행자 되어 주시어

당신으로

나를 채우게 하시고

남은 여백도 채워가는

고독한 기쁨을 주소서.

나무의 기도

주여!
내 가지의 잎이 붉게 타오르는 영광의 시간을
가능한 한 짧게 하시어
내 뿌리의 희생을 덜어주소서.

찬란한 잎들을 환호하는 이마다
이 무대 뒤 어두운 곳에서
한계에 다다른 호흡으로 땀을 닦아내고 있을
내 뿌리에 감사하게 하소서.

짧은 환호와 영광은 땅에 떨어지고
발에 밟히는 긴 겨울을 지나며
다시 뿌리로 되돌아간다는 것을
잊지 않게 하소서.

잎을 향한 환호는

가지에 붙어 있을 때뿐이고

가지의 영광은

나무에 붙어 있을 때뿐이며

나무의 힘은

뿌리에 붙어 있을 때뿐,

모든 생명은 오직 주께 있음을

찬송하게 하소서.

십자가와 짐

주여,

십자가는 지고 짐은 내려놓게 하소서.

십자가는 주님이 맡겨주신 것이고

짐은 스스로 진 것이며

십자가는 우리를 위한 것이지만

짐은 나만을 위한 것이기 때문입니다.

주의 십자가는 은혜로 지고

짐은 인간의 생각으로 집니다.

십자가는 서로 질 수 있지만

짐은 나눌 수 없고

십자가는 버릴 수 없지만

짐은 버려야 합니다.

내가 진 것이 내 몫의 십자가거든

내려놓으라 마소서

그 십자가 지고 힘들 때
골고다 길에서 쓰러지신 주님을 기억하게 하시고
제게도 구레네 시몬을 만나게 해주소서
가시관과 못, 창에 찔리신 주님을 보며
제 원망 불평이 사라지게 하셔서
무리 가운데 고민하고 돌아서는 사울이 있게 하소서.

그러나
내가 지고 있는 것이 짐이거든
그 허무함을 깨닫고 내려놓는 자유를 허락하소서.
혹여 내려놓지 못하게
발목 잡는 부끄러움 있다면 십자가로 이기게 하소서.

사람들은 쉽게 내려놓으라 말합니다.
당연히 그래야지요
그런데 내가 죄인이다 보니
짐이 아닌 십자가를 먼저 포기할까 두렵습니다.

십자가로만 가는 그 나라인데도 말입니다.

주여!
십자가는 지고 짐은 내려놓게 하소서.

축도

대부분 공동체 예배는 축도로 마친다. 축도는 재림의 약속을 믿고 선포하는 의미도 포함되어 있다.

"예수께서 그들을 데리고 베다니 앞까지 나가사 손을 들어 그들에게 축복하시더니 축복하실 때에 그들을 떠나 하늘로 올려지시니 그들이 그에게 경배하고 큰 기쁨으로 예루살렘에 돌아가 늘 성전에서 하나님을 찬송하니라(눅 24:50-53)"

제2부

교회와 성도

외부의 도움 없이 3개월 동안 깊은 밀림을 개간해 '빠마이공동체'를 세우고 스스로 살아가는 법을 배웠다.
그때의 아이들이 결혼해서 낳은 그 자녀들이 지금 이곳에 살고 있다.

팔복을 구하는 기도

주여,
내 자랑거리를 위해 샬롬을 버린 불순종의 길에서
하나님 아버지의 샬롬으로 가득한 순종으로
돌아서는 회개의 은혜를 주소서.
그리하여 천국 복음을 들을 수 있게 하소서.

내 마음에서 내가 의지하는 자랑거리를 제거하셔서
오직 하나님만 의지하고 그의 영광만 바라는
심령이 가난한 자가 되게 하소서.
그리하여 천국을 누리는 복을 주시며
내가 의지하고 자랑하던 것 속에
숨겨진 죄를 깨닫고 토해내는 애통의 복을 주셔서
하나님의 위로를 받게 하소서.

요동치는 세상 속에서 묵묵히 하나님의 약속과 섭리를 바라며

강하고 담대하게 살아가는 온유의 복을 주사

하나님 나라의 상속자로 삼아 주시며

창조주와 피조물 사이의 모든 의무와 책임을

유일하게 홀로 다 이루신 예수그리스도,

그 의에 주리고 목마른 자가 되어

주님 한 분만으로 배부르게 하소서.

나의 목을 밟고 내 안의 죄를 꺼내어 깊은 바다에 던지시는

주의 긍휼을 구하오니 나를 긍휼히 여겨 주시며

주의 긍휼히 여겨 주시는 은혜로 인하여

마음속에 오직 예수그리스도 한 분뿐인 마음이 청결한 복을 주사

날마다 하나님의 뜻을 깨닫게 하셔서

억울하게 누명을 쓰고 욕을 당할지라도

이웃의 샬롬을 지켜주어 화평케 하는 자에게 약속하신 복,

하나님의 아들이라 일컬음을 받게 하소서.

예수의 의에 주리고 목마른 자가 되어

세상과 하나님 사이의 화평,

이웃과 이웃 사이의 화평을 위한

의를 위하여 박해받는 자에게 임할 천국을 허락하시고

예수그리스도의 십자가와 부활의 복음을 따라 살아갈 때

욕하고 박해하고 거짓으로 거스르는 모든 악한 말을 들을지라도

전에 있던 선지자들도 이같이 박해받아

하늘나라를 상급으로 받은 것을 기억하며

기뻐하고 즐거워하는 복을 주소서.

감사

우리의 어떠한 상황과 환경에서도 여전히 우리와 함께해 주신 은혜에 감사합니다. 그러나 우리는 당신이 내 안에 계셨기에 오늘이 있었다는 것을 감사하기보다 내 욕망이 채워지지 않은 것을 원망하고 불평했던 어리석은 죄인입니다. 마땅히 그 죄에 합당한 징벌을 받아야 함에도 여전히 우리가 깨달을 때까지 기다려 주신 은혜로 말미암아 다시 주께 고개를 들게 하시니 감사합니다. 오늘도 내 삶에 일어나는 일들과 모든 만남 속에서 주의 뜻을 찾을 수 있는 은혜를 간구합니다.

하나님의 하나님 되심

주여.
우리의 지혜는
이기적인 생각 안에 갇혀 있고
내 욕망에 대한 열정은
언제나 당신의 지혜를 무시하며
내 마음대로 선택하는 것을
자랑하고 영웅시 합니다.

아빠 아버지,
우리의 선택은
당신에게 순종이 되게 하시고
우리의 자랑은
당신의 침묵이 되게 하소서.

나는 잠잠히

하나님의 하나님 되심을

바라보겠나이다.

교회

"평강의 주께서 친히 때마다 일마다 너희에게 평강을 주시고 주께서 너

희 모든 사람과 함께 하시기를 원하노라(살후 3:16)"

주여.

저희 제3한인교회 예배공동체를 사랑하시고 긍휼히 여기시어

권사님과 집사님을 세우는 일에 온 성도가 하나 되어

감사하고 기뻐하게 하시니 감사합니다.

온 성도가 출애굽기를 묵상하고

각자 준비한 말씀으로 서로를 위로하고 격려하며

치앙마이 광야를

함께 걸어가게 하시니 감사합니다.

하지만 여전히

마음의 아픔과 육체의 약함 속에
홀로 힘들어하는 성도들이 있습니다.

이들을 향한 우리의 사랑과 섬김은
심히 부족하고 연약하기에
아버지 하나님의 위로와 평안을
간절히 구하고 구할 뿐입니다.

이번 주도 하나님의 말씀으로
서로 위로하고 위로받는 중에
다 함께 쉼과 회복을 경험하게 하소서.

반역

주여!
하나님의 섭리하심 앞에
모든 자연은 순종하며 사는데
우리는 거역하려만 했습니다.

푸른 옷을 입으라 하시면 푸른 옷으로
오색 옷을 입으라 할 때는 오색 옷으로
하얀 옷을 내리시면 하얀 옷을 입습니다만
우리는 늘 내 의지의 옷만을 고집하며 살았습니다.

자아로 가득한 가슴으로 기도한 후
자아를 받아들고
당신의 응답이라 했습니다.
내 강한 의지를 굽히지 않으면서

하나님의 뜻을 이루자고 했습니다.

30배 60배 100배로 가득 채우라는 바구니는 비어있고
담아온 그것마저 버려야 하는 것들뿐입니다.

당신을 위한 계획이라 했는데
나의 명예와 안위를 위한 것들로 가득합니다.

성령으로 충만해야 할 가슴은 메말라 있고
당신의 섭리를 보아야 할 눈은 악에 익숙해져 있으며
세미한 당신의 음성이 들려야 할 귀는 세상 유혹만 듣고
감사의 찬송이 가득해야 할 입술엔
불평과 원망이 진하게 칠해져 있습니다.

열심히 한다고 했는데
주께서 원하시는 방향이 아니었습니다.
이제 알았습니다.
내가, 우리가 하는 것이 아니라는 사실을,
우리가 할 수 있는 일은 은혜 입은 자로
그저 당신의 말씀에 마음을 열고 동참할 뿐이라는 사실을.

만나

주여!

내가 광야를 지날 때,

만나를 많이 거둔 자도 남음이 없었고

적게 거둔 자도 모자람이 없게 하셨던,

일찍이 생명의 떡으로 살아가는 법을 가르쳐주신

그 은혜의 법칙을 잊지 않게 하소서.

미리 거두어 둔다고 이틀 치를 가져오면 벌레를 보내시고

조금이라도 더 모아 보관하면 곰팡이로 썩게 하신 그 지혜,

오직 안식을 위해서만 이틀 치를 허락하신

지나온 광야 길의 은혜를 기억하며 오늘을 감사하게 하소서.

그래도 기생충처럼 붙어 있는 욕심은

약속해 주신 말씀의 약으로 퇴치하고,

텅 빈 창고 앞 일지라도 실망하지 않고
내일 새벽 장막 주변에 가득 내려있을 만나를
믿음으로 기다리게 하소서.

주여!
나와 함께하는 모든 이웃도
주께서 주시는 만나로 말미암아
광야를 걸어가고 있음을 깨닫고 감사하게 하소서.

입증

아버지 하나님!

나로 광야를 걷게 하시고

주리고 목마르게 하시어

하늘의 만나를 먹게 하시고

나를 낮추고 시험하사

나를 당신의 자녀로

입증해 가시니 감사합니다.

주여!

내가 굴욕당하는 선을

그냥 지나치지 않게 하시고

무리 지은 악을 두려워하지 않게 하시며

악의 집단이기를

부러워하지 않게 하소서.

오감으로 느끼는 은혜

사랑의 아버지 하나님!

건강하게 삶의 고요와 평안 가운데 있는 우리에게, 지금 심한 고통 가운데 있는 지체가 하나님께 감사하는 것을 보며 감사를 깨닫고 배우게 하시니 감사합니다. 우리가 만난 뜻하지 않은 현실로 인해 세상을 한탄하고 하나님을 원망하는 어리석은 부류에 속하지 않게 하시니 감사합니다. 육체의 통증과 마음의 고통 속에서 부르짖는 사랑하는 성도들의 간구에 하나님의 방법으로 응답해 주실 때, 우리의 오감이 그 하나님을 만나는 감격스러운 은혜를 기다립니다.

덧나는 상처

아버지 하나님!

지난 일 년간 당신의 말씀을 나눌 기회와 영혼들, 이를 소화할 수 있는 건강을 주셔서 안식하게 하시니 감사합니다. 어리석은 제게 당신의 사랑으로 품고 당신의 말씀으로 길러야 할 새 생명을 주셔서 여기가 내 삶의 지정석임을 편안하게 받아들일 수 있는 은혜를 깨닫게 하시니 더욱 감사합니다.

하지만 아버지!

제 마음 한구석에는 여전히 아물지 않은 갈등이 있고 건드리면 덧나는 상처도 있습니다.

그런데도 제게 꿈이 있다면 남아있는 시간 동안, 당신의 말씀을 당신의 관점에서 당신의 뜻을 따라 이해하고 나누며, 이를 위해 하는 모든 일의 동기와 과정, 결과가 세상 사람도 이해할 정도로 성실하고 진실하며, 공의의 온전한 통치를 받는 삶을 살아보는 것입니다. 행여 제 욕심과 열정이 앞서 주의 자녀들로 집단이기에 빠지게 하는 우를 범할까 두렵사오니 저에게 지혜와 절제의 능력을 주시고 능하신 주의 손아래서 항상 겸손하게 하소서.

주님!

저와 함께해 주서서 두려움을 이기고 강하고 담대하게 하소서. 그래서 저와 함께하는 이웃이 먼저 하나님의 은혜를 누리도록 형통한 자의 삶을 허락하소서.

이기적인 마음

사랑의 아버지 하나님.

우리는 우리의 생각으로 세운 계획에 주께서 함께해 주시기를 바라는 이기적인 마음으로 한 해를 시작했습니다. 그러나 당신의 뜻이 이끄시는 은혜 가운데 지나온 한 해가 되게 하심을 감사합니다. 우리의 생각을 따라 살던 삶의 습관에서 코로나로 온 세계가 자유롭지 못한 상황을 경험하며 인류는 당신의 섭리에 순종해야 살 수 있다는 것을 깨닫게 하심을 감사합니다. 모든 것이 멈춰버려 우리는 믿음 없는 자처럼 무엇을 먹을까, 무엇을 입을까를 염려했는데, 이로 인해 오히려 우리의 죄성이 원하는 활동을 통제하여 주시고 억지로라도 당신 앞에 홀로 독대하는 은혜를 주셔서 감사합니다.

아버지!

요셉이 그랬듯이, 이 코로나의 낯선 길의 끝이 '세겜'이 아니고 '도단'으로 이어지고 다시 '이스마엘 상인의 집'과 '보디발의 집'으로 이어질지라도 우리가 순종과 샬롬을 포기하지 않도록 우리에게 지혜와 강함과 담대함을 주소서. 그래서 순종자인 우리가 짊어지고 있는 샬롬과 평안을 품은 자마다 형통케 되는 은혜를 경험하고 그들이 우리 여호와 하나님의 이름을 찬양하게 하소서.

진한 기쁨

사랑의 아버지 하나님.

우리를 사랑하사 우리에게 쉽고 편안한 삶의 기쁨도 주시고 아픔과 고통, 슬픔과 절망의 숲에서 헤매며 깊이 생각하고 묵상해야만 깨닫고 찾을 수 있는 진한 기쁨도 주시니 더욱 감사합니다. 우리는 그냥 두면 죄의 습관을 이겨낼 수 없다는 것을 아시고, 우리가 긴장하고 고민하며 부담을 가지고 집중하지 않으면 안 되는 일들을 주신 것도 당신의 은혜며 감사입니다. 하루 중 느슨해지기 쉬운 이 시간, 사랑하는 성도들이 다시 주의 신실한 약속을 붙잡고 내게 주신 기도의 대상들을 위해 기도할 때 새 힘을 회복하는 은혜를 간구합니다.

나로 인하여

주여!
내 감사가 누군가의 화석이 된 감사를 깨우게 하시고,
자폐에 빠진 입을 열어 주의 은혜를 노래하게 하소서.
내 말이 누군가 화인 맞아 두꺼워진 양심의 각질을 뚫어
주의 뜻을 전하게 하시고,
거룩하고 신실한 마음에는 시원한 위로가 되게 하소서.

주여!
내 찬송이 깊은 절망 중에 헤매는 영혼을 깨워
삶의 기쁨을 회복하게 하시고,
내 침묵이 갈등을 잠재워 평화의 하모니가 되게 하소서.
내 섬김이 눈에 보이지 않는 작은 빈 곳을 채워
성숙이 되게 하시고,
내가 지키는 정의와 진리의 기준이
흔들리는 누군가에게 등대가 되게 하소서.

어둠 속의 삶

주여,

이 땅에서 하나님의 의와 선, 진리의 말씀으로

어둠을 책망하는 구별된 삶을 살아가기를 힘쓰는 자들에게,

필요한 힘을 더하시고 함께 하는 동역자를 붙여 주소서.

공동체의 평화를 위해 노력하는 자들이

이기적인 기득권 세력의 불의한 험담과 공격 앞에

낙심하지 않게 하시고

오히려 겸손과 온유로

저들을 설득해낼 수 있는 지혜를 주소서.

공의의 방법을 포기하지 않고

꿋꿋하게 의의 길을 지키는 자들에게

형통한 은혜와 평안으로 위로해 주소서.

이 땅을 사는 백성들에게

선과 악을 구별하는 지혜를 주셔서

악한 자에게 유혹당하지 않게 하시고

정당하고 공평한 사회를 함께 만들어 가는 사명을 주소서.

한계

아버지 하나님.

우리는 우리 힘으로 해결할 수 없는 상황의 한계를

하나님의 한계로 규정하고

과학과 의학의 한계를

하나님의 심판처럼 여기는 어리석은 자들입니다.

상황과 과학과 의학의 한계 속에서

오히려 우리 눈을 열어 생명의 창조주를 만나게 하시고

상한 우리의 영혼이 치료받게 하여 주소서.

병마로 신음하는 주의 자녀에게 극심한 고통이 밀려올 때

십자가를 보여주시고

슬픔에 빠질 때

부활의 주를 만나게 하시며

평안할 때

여호와의 이름을 부르며 찬양하게 하소서.

의의 흉배

사랑의 아버지 하나님.

오늘도 우리는 당신이 독생자를 세상에 보내 십자가에서 이루신 그 의로 말미암아 당신 앞에 섭니다. 당신 앞에 서게 하신 이 은혜로 말미암아 내 생명은 호흡하며 당신이 지으신 세계 속에 고개를 들고 살아가고 있습니다.

그러나 우리의 삶은 그런 은혜를 받은 자답지 못할 뿐만 아니라 오히려 당신의 그 사랑을 이기적으로 이용하는데 익숙해져 가고 있으며, 그것이 당신이 내게 베푸신 사랑이고 복이라고 거짓말하면서도 그것이 거짓인 것도 느끼지 못하는 어리석음에 빠져 있습니다.

우리의 이런 추한 모습에도 불구하고 당신이 붙여 주신 의의 흉배를 보시고 한결같은 사랑으로 함께 해 주심이, 당신의 영광입니다. 오늘 하루도 그 영광 가운데 살기 원하며, 우리에게 십자가의 의를 전가해 주시길 간절히 구합니다.

부활의 증인

주여.

지난 3년 동안 주님과 함께 살며 주의 말씀을 듣고 배우고 경험했지만, 십자가를 지러 가시는 길을 세상 영광의 길로 착각하고 자리다툼을 했던 어리석은 자입니다.

친히 나의 발을 씻겨주셨지만 나는 주와 함께 죽을지언정 주를 부인하지 않겠다던 다짐을 하루도 지키지 못하고, 닭 울기 전에 세 번이나 주님을 부인하고 십자가의 길에서 도망쳤던 못난 자입니다.

그러나 주님은 하나님 나라의 가장 큰 계명은, 네 마음과 목숨과 뜻을 다하여 주 너의 하나님을 사랑하고 네 이웃을 네 몸과 같이 사랑하는 것임을 십자가의 죽으심과 부활로 증명해 주시고 나를 그 증인으로 초청해 주셨습니다.

주여.

이제 내가 주님이 주신 하늘과 땅의 모든 권세를 의지해 내게 맡겨주
신 민족들을 주의 제자로 삼아 아버지와 아들과 성령의 이름으로 세례
를 주고, 주님이 분부한 모든 것을 가르쳐 지키게 하려 하오니 세상 끝
날까지 나와 항상 함께하여 주소서.

긍휼과 약속

주여!

구원은 당신의 긍휼로 인함이니

긍휼은 거룩한 약속 안에 있습니다.

거룩한 약속은 사랑이시며 당신의 사랑은 신실하십니다.

내가 사랑의 하나님 창조주 그 구원의 주님을 찬송하리니

이는 약속하신 보혜사의 은혜입니다.

내가 그 성결과 의의 은혜에 힘입어 세상이 아닌

주 앞에 큰 자가 되기를 원합니다.

두려움 없이 주를 섬기며 주의 백성을 주 앞에 모으고

주의 백성을 세워 주의 길을 예비하길 바라나이다.

고아

주여.

저를 고아와 같이

내버려 두지 않으시고

찾아와 주셔서 감사합니다.

제가 가슴 설레며

사랑하는 사람들을 주셔서 감사합니다.

전적 부패

주여,

인간의 모든 감각 기관은

이미 죄로 오염되어 있다는 사실을 잊은 채,

늘 내게 익숙한 감각으로만 은혜를 원하였습니다.

그 결과 하나님의 거룩한 은혜 속에 살면서도

그 은혜를 따라 행하지 못하고

죄의 습관을 따라 살아왔습니다.

신실하신 하나님,

우리 주변에 베풀어 주신 하나님의 사랑을 깨닫게 하소서,

그래서 왜 그 사랑을 직접 저희에게 주시지 않고

주변에 베풀어 나를 지켜주셨는지를 이해하고 감사하고

나를 변화시켜

나도 주변의 누군가를 지켜주는

은혜의 통로가 되는 가족 되게 하소서.

새해 1

하나님 아버지.

새해에는

더욱 사람을 품기 원합니다.

일과 사람

돈과 사람

명예와 사람

성공과 사람

칭찬과 사람 사이에서

선택의 순간이 오면 머뭇거리지 않고

영혼을 선택하겠습니다.

똑똑한 사람 부족한 사람,

지혜로운 사람 어리석은 사람,

잘난 사람 못난 사람,

착한 사람 악한 사람,

정직한 사람 사기꾼,

어린아이 어른,

부유한 자 가난한 자,

예쁜 사람 못생긴 사람 가리지 않고

선택의 순간이 오면 한 아름 사람을 품고

그의 영혼을 사랑하겠습니다.

하나님 아버지.

내가 세상의 부나 위대한 일이나 명예보다도

당신의 형상을 닮은

영혼을 품고 살게 하소서.

새해 2

주여!

올 한해도 나를 가난하게 하소서.

날마다 일용할 양식, 주의 생명의 말씀에

주리고 목말라 애통하게 하소서.

진리의 말씀을 소유하고

그것으로 강하고 담대하게 백성을 인도하던 모세처럼

온유한 자가 되어,

내게 맡겨주신 생명을 품게 하시고

나를 만나는 자에게 참 자유를 주소서.

천국의 위로로 배부르게 하시며

나의 목을 누르고

내 안의 죄를 꺼내 깊은 바다에 던지시는

주의 긍휼을 보게 하소서.

세상의 것으로 주를 보지 않게 하시고
청결한 마음으로 주를 보게 하시어
화평케 하신 독생자의 의를 위하여
핍박받는 은혜를 주소서(마 5).

샹그릴라에서

하나님 아버지!

내가 나를 잊고 있었습니다

숨 차오르고

울렁거림 없이

당신의 경이로운 세계를

만날 수 있다고 교만했습니다.

두통 없이

빨리 따라오지 않는다는

친구들의 핀잔을 듣지 않고도

당신의 사랑을

느낄 수 있다고 착각했습니다.

하나도 버리지 않고

하와도 없이 나 홀로

낙원에 이르겠다는 것이 욕심이었습니다.

하나님 아버지!

제가 죄인임을 잊었습니다.

나의 마음 녹여주소서

사랑의 아버지 하나님.

인류의 죄를 대속하신 당신의 사랑으로 꽁꽁 얼어붙은 내 마음을 녹여주소서. 내 행복, 내 기쁨, 내 만족만 보이게 하는 내 눈에 낀 서리를 닦고, 마음이 더 춥고 아픈 이웃들을 볼 수 있게 하소서. 내가 한 끼 우아하게 먹는 음식값과 내 자랑거리를 위해 산 명품값 하나를 돌아보게 하소서. 누군가에게는 한 달 식비가 될 수 있고, 돈이 없어 차가운 거리로 내쫓기는 가장들도 있다는 사실을 기억하게 하소서.

내가 남보다 많은 돈을 벌고 성공할 수 있었던 법과 제도의 이면에, 흘린 땀과 수고의 대가도 제대로 받지 못한 이웃들의 아픔과 슬픔이 있음을 보게 하소서. 내가 당하는 손해만 생각하는 불만족에서 깨어나, 나보다 더 어렵고 힘든 삶이지만 성실하게 살아가는 이웃들의 소박한 꿈을 이해하게 하소서.

사랑하는 가족이 있음에 감사하고, 일할 수 있는 건강을 감사하며, 비바람 눈보라 피할 수 있는 거처를 감사하고, 따뜻한 밥상에 감사하며, 무엇보다 당신 앞에 서서 기도할 수 있는 은혜에 감사하게 하소서.

주여.

내 의지가 선택한 길을 막아주시고 내 열정을 통제해 주셔서 주께서 친히 예비하신 길로 들어섬을 기뻐하고 감사하는 평안을 회복시켜 주소서. 하나님의 독생자 예수그리스도의 이름을 찬양하며 기도합니다.

하나님이 함께하시면

사랑의 아버지 하나님.

내가 하나님과 동행하는 모습을

이웃에게 보이려고 노력하기보다

하나님께서 나와 함께하시는 모습을

믿지 않는 이웃들이 보게 하소서.

그리하여 나를 칭찬하지 않고

여호와 하나님의 이름을 높이게 하소서.

하나님 아버지의 약속하신 말씀을

믿고 순종하는 내 삶이

세상의 부와 명예를 목표로 사는 사람들보다

더 신실하고 열정적이되

더 겸손하게 이웃을 배려하고

사회질서를 존중하는 자가 되게 하소서.

내 성실한 노력이 좌절한 자에게

새 희망의 동기가 될 수 있게 하시고

내 성취가 이웃의 기쁨이 되는 공의로운 일이 되게 하소서.

내 성취가 누군가에게 분노 거리가 되지 않도록

내 욕망을 통제해 주시고,

나는 당신의 통치를 감사하며 순종하게 하소서.

내 수고와 노력의 결과가

일하고 싶어도 기회를 얻지 못한 자들에게

수고하고 땀 흘리는 현장으로 이어져서

그들의 가정에 기쁨이 회복되는 것을 감사하게 하소서.

내가 약할 때 강함 되시는

우리 주 예수그리스도의 이름을 찬양하며 기도합니다.

고독

주여.

나의 선(善)과 진리가 날카로워

악과 거짓을 찌르지 않게 하시고

나의 공의와 정의가 교만하여

이기와 불의가 외면하지 않게 하시며

나의 사랑과 성실이 힘을 잃어

미움과 게으름의 조롱거리가 되지 않게 하시고

나의 믿음과 소망이 무지하여

위선과 욕망 앞에 담대함을 잃지 않게 하소서.

주여.

나의 고독이 거룩한 고독이라면

당신의 언약 속에 머무르며

십자가처럼 인내하고 평안하게 하소서.

제3부

영적 대가족

미얀마 샨주에 있는 '아버지 집' 아이들은 학교보다 총 한 자루의 힘을 더 크게 여기며 살던 곳에서 홀로 나와
하나님 아버지를 모시고 하나님 아버지를 배우며 살아간다.

치앙마이 광야에서

전능하신 아버지 하나님.

치앙마이 광야, 공동체 예배의 지정석에서 잠깐이었지만 사랑하는 양 집사를 만나, 함께 예배의 지정시간을 지키며 각자에게 맡겨진 지정 역할을 깨닫고 나누게 하시니 감사합니다.

나만을 위한 이기적인 기도에 누군가를 위한 기도를 가르쳐 주셨고, 내 마음에 편한 대로 살아가던 우리에게 공동체가 하나 되어 간구하는 은혜도 받았습니다.

아버지 하나님.

아직 우리의 인내는 나의 게으름을 이기지 못하고, 우리의 헌신은 아직 스스로 선택하고 자원하지 못하여, 누군가 우리의 인내와 헌신을 감시하고 지켜줄 자가 필요합니다.

우리에게 주신 은혜의 대상, 사랑하는 양 집사님을 통해 아직 우리는 깨닫고 배워 체질화하고 공동체 문화로 세워야 할 인내와 헌신에 이르지 못했음을 알았습니다. 그러므로 아직 우리에게는 사랑하는 양 집사님이 필요합니다.

하나님 아버지,

우리에게 주신 이 거룩한 기회를 더 연장해 주실 수는 없는지요? 연약한 죄인들의 간절한 간구가 여기에 있습니다.

*양 집사님은 가정용 가스 폭발로 화상을 입고 천국에 먼저 가셨다.

아픈 성도를 위한 기도문

1.

하나님의 영광은 모든 선한 형태로 우리를 앞서가시며 여호와의 이름을 선포하셨기에, 오늘도 이지연 성도가 여호와의 선하신 뜻 속에 함께 있음을 감사합니다.

아버지 하나님.

당신이 품으신 당신 백성의 고통을 돌보시며 당신이 선택하신 당신 딸의 질병을 치료하소서. 병석에서 오히려 건강한 자들을 위로하는 사랑하는 딸이 가진 긍정과 믿음은 인간의 것이 아님을 믿습니다. 분명 당신이 주신 것입니다. 신실하신 당신이 이 순수한 믿음에 응답하심을 저희가 보겠나이다. 우리의 중보자 당신의 독생자 예수그리스도의 이름으로 기도합니다. 아멘.

2.

"두려워하지 말라 내가 너와 함께 함이라 놀라지 말라 나는 네 하나님이 됨이라 내가 너를 굳세게 하리라 참으로 너를 도와주리라 참으로 나의 의로운 오른손으로 너를 붙들리라(사 41:10)"

아버지 하나님.

수술을 앞둔 이지연 성도가 이런 믿음으로 당신 앞에 서 있습니다. 하나도 불안하지 않고 오히려 병중에 있음이 쉼의 시간이며, 이를 통해 자기가 얼마나 행복하고 해야 할 일이 많은지 되돌아보고 있다고 고백하고 있습니다. 이 아름다운 기도를 실천하며 살기 원합니다.

3.

"너희는 서로 짐을 져 주어라 그리하면 그리스도의 법을 완성할 것이다 (갈 6:2)"

아버지 하나님.

저희가 사랑하는 성도와 이웃들의 짐을 나누지 못함을 용서하시고, 이 시간 마음을 다해 중보하는 우리의 기도에 응답하소서. 한국 성모병원에 입원치료 중인 사랑하는 이지연 성도와 함께하소서, 그동안 바쁜 일상에 쫓겨 묵상하지 못했던 당신의 거룩함과 의와 진리를 홀로 있는 병석에서 묵상하며 감사를 찾게 하시고, 그 감사의 찬양과 기도와 함께 회복을 경험하게 하소서.

이번 주일에 권사로 임직받을 오경자, 최금림, 유미경 집사님과 서리

집사로 임명될 송유미, 김남덕 성도에게 새로운 책임과 의무 속에서 거룩하신 하나님을 만나는 기쁨을 주소서. 사랑하는 우리 고3 학생, 이유라, 이은비, 전제이, 장지호, 안이레, 박새늘에게 하나님의 영이 충만한 지혜와 지식을 더해주셔서, 노력하고 협력하는 젊은이로 자라게 하소서. 여호와의 이름을 선포하는 기쁨을 우리가 모두 함께 누리길 원합니다.

4.

사랑의 아버지 하나님.

사랑하는 성도들의 진솔한 고백을 통해 나를 돌아보게 하시니 감사합니다. 사랑하는 이지연 성도가 평안한 마음으로 통원치료를 잘 감당할 수 있게 하시고, 치앙마이에 두고 간 성현이와 재현이가 담대하게 엄마의 빈자리를 이겨가게 하시며 한국에 있는 정현이와 주현이가 공부하는 습관을 잊지 않게 하소서.

미얀마에 계신 이상운, 장성집사님과 김주환 성도님, 라오스에 계신 김홍기 집사님, 인도 해상에서 수고하시는 김창수 선교사님, 한국에 계신 장재원, 김성구, 이상익 집사님, 오경자 권사님, 황은수 장로님에게 건강과 지혜와 평안으로 함께하소서.

추석 행사를 준비하는 한인회 임원과 북태선교사회 임원진, 치앙마이청소년오케스트라 단원들이 건강하게 하시고 감사와 기쁨과 보람을 느끼게 하소서.

5.

사랑의 하나님.

오늘 아침 저희 성도들은 이은비 학생이 출 19:12를 중심으로 나눈 말씀으로 은혜를 받고 일주일을 시작합니다.

"내가 지정석을 지키는 것이 아니라 지정석이 나를 지켜줍니다"

오늘도 우리에게 지정석과 지정시간, 지정 역할을 주시어 우리를 지켜 주시기를 원하시는 하나님의 뜻을 깨닫게 하시니 감사합니다.

여전히 통원치료 중인 사랑하는 이지연 성도와 함께하심을 감사합니다. 사랑하는 김현옥 성도와 딸 지혜와 동행하고 계심을 감사합니다. 고3 학생들에게 건강과 지혜를 주셔서 감사합니다. 지금 처한 환경과 상황에서 사랑과 도움이 필요한 이웃들이 있습니다. 저들의 간구에 우리도 함께하는 은혜를 누리게 하소서.

회복의 간구 1

"우리가 알거니와 하나님을 사랑하는 자 곧 그 뜻대로 부르심을 입은 자들에게는 모든 것이 합력하여 선을 이루느니라(롬 8:28)"

아버지 하나님!

우리는 우리 힘으로 해결할 수 없는 상황의 한계를 하나님의 한계로 규정하고 과학과 의학의 한계를 하나님의 심판처럼 여기는 어리석은 자들입니다. 상황과 과학과 의학의 한계 속에서 오히려 우리 눈을 열어 생명의 창조주를 만나게 하시고 상한 우리의 영혼이 치료받게 하여 주소서. 극심한 고통이 밀려올 때 십자가를 보여주시고 슬픔에 빠질 때 부활의 주를 만나게 하시며 평안함이 찾아올 때 여호와의 이름을 부르며 찬양하게 하소서. 사랑하는 예진수 성도님과 함께해 주셔서 감사합니다. 감사합니다. 감사합니다.

회복의 간구 2

사랑의 아버지 하나님!

저희 영적 대가족이 시공을 달리하고 살고 있을지라도 아버지 앞에 기도하는 관계로 살게 하시니 감사합니다. 인간들이 두려워하는 아픔이지만 주의 은혜로 수술을 마친, 사랑하는 유은숙 집사님으로 인하여 저희가 다시 기도의 줄을 붙잡게 하시니 감사합니다. 아버지께서 사랑하는 딸이오니 저희가 믿음으로 간절히 구합니다. 주의 손으로 어루만져 주셔서 육체뿐 아니라 마음도 더욱 건강한 상태로 회복시켜 주십시오. 그래서 그에게 맡겨진 공동체 예배의 지정석이 비지 않게 하소서.

자녀를 위한 기도 1

주여!

내게 맡겨주신 육과 영의 자녀들로 인해 하나님의 사랑을 더욱 풍성하게 깨닫게 하시고 나를 겸손하게 다듬어 가시니 감사합니다. 저들에게 일용할 양식과 필요한 삶의 환경을 주셔서 몸과 마음이 건강하도록 인도해주시니 저들의 성장은 오직 주님의 은혜입니다.

주여!

우리 자녀들이 십자가와 부활의 복음을 깨닫고 주의 말씀에 순종하여 하나님의 뜻 안에서 세계를 통찰하는 지혜를 얻게 하시고, 자기의 수고와 땀 속에 많은 생명을 품고 살게 하소서. 예배의 지정시간과 예배의 지정석, 예배의 지정 역할을 확보하고 지키는 것을 모든 삶의 우선순위에 두고 노력하며, 그로 인해 그들의 이웃들도 주일을 거룩하게 지키는 은혜를 누리게 하소서.

자녀를 위한 기도 2

(창 28:10-22)

하나님,

내 자녀를 하나님의

은혜받을 대상으로 정해 주십시오.

이미 태 속에 있을 때부터

사랑하시기로 작정하신 존재라고 확인해 주십시오.

하나님,

내가 내 자녀들을 아무런 조건 없이 사랑하게 해 주십시오.

에서를 사랑하듯

뭔가 칭찬받을 만한 일이 있어서 사랑하는 것이 아니라

리브가가 야곱을 사랑하듯

한 것도 이룬 것도 없고 무엇을 시작하기도 전에,

그의 연약하고 부족하고 망가지고 도저히 봐줄 수 없는 부분을 나의 조건 없는 사랑으로 채우게 해 주십시오.

하나님,
이토록 사랑받던 내 아이가 내 품을 떠나
자기만의 삶과 세상을 위해 떠나는 그 첫날,
내 아이가 스스로 설계하고 세운 세상 한복판에 다다르기 전,
그가 꿈꾸는 세계를 만나기 전에 내 아이를 만나
지금까지 내 부모님과 내가 이 아이에게 가르쳤던 이야기를
이제 당신이 직접 이 아이에게 들려주십시오.

그동안 나는 이 아이에게 하나님은 살아 계시다고 가르쳤고,
예수그리스도께서 너를 위해
십자가에 죽으시고 부활하셨다고 가르쳤으며,
그 독생자의 죽으심을 통해
나와 네가 하나님의 자녀로 구별되었으니
이제는 영광의 하나님과 주님을
섬기며 살아야 한다고 가르쳤습니다.

하나님,
내가 해줄 수 있는 이야기는 다 해주었습니다.
이제 하나님께서 직접 만나주셔야 할 시간입니다.

자녀를 위한 기도 3

주여.

사랑하는 우리 아이들이 이런 꿈을 꾸게 하소서.

내가 얻은 열매를 독점하지 않게 하시고 이웃과 공유하며 함께 사는 꿈을 꾸고 그런 삶의 습관으로 살게 하소서. 내 땀의 결과에는, 아무리 수고하고 노력해도 그만큼의 결과를 얻지 못한 자의 몫 일부와 노력조차 할 수 없는 어려움 속에 있는 이웃의 몫도 들어 있다는 것을 인정하게 하소서.

주여.

사랑하는 우리 아이들이 부모에게 순종하는 자로 살게 하소서.

형제들에게 일용할 양식을 전해주고 샬롬을 묻고 오라는 아버지의 명령에 순종하되 순종의 꼭짓점에서 되돌아서지 않게 하시고 순종을 연장해 갈 수 있는 용기와 지혜를 주소서. 형제들이 샬롬을 거절하고 억울한 누명을 쓸지라도 섬겼던 가정의 샬롬을 지키는 것을 우선하게 하소서.

주여.

사랑하는 우리 아이들이 형통한 자가 되게 하소서.

우리가 샬롬의 왕이신 주 예수를 영접함으로 형통케 된 것처럼, 나의 꿈이 이루어지기보다 나의 신분과 삶은 여전히 그대로일지라도 나를 품고 있는 주인의 모든 것은 여호와의 복으로 충만해지는 형통케 하는 자가 되게 하소서.

주여.

사랑하는 우리 아이들에게 공정관리와 공정분배의 기회를 주소서.

요셉이 바로의 꿈을 따라 풍년 7년 동안 1/5의 곡물을 거두었을 때 심히 많아 세기를 그쳤던 것처럼 우리 아이들이 남의 소유를 정직하게 관리하게 하시고, 흉년이 들었을 때는 세금을 낸 자뿐 아니라 세금을 내지 않았던 이방인에게도 일용할 양식을 공정하게 나누어 온 세상의 생명을 구하는 자가 되게 하소서.

자녀를 위한 기도 4

주여!

우리 아이들이 이런 사람으로 자라도록 도와주시옵소서.

자유롭되 질서를 존중하며

주장이 뚜렷하되 대의 앞에 순종하고

자유인이나 방종하지 않으며

온유하나 비굴하지 않고

사랑을 이해하되 이기적이지 않으며

창의적이나 독선적이지 않고

경청할 줄 알되 우유부단하지 않으며

예리하되 따뜻하고

감정적이되 절제할 줄 알며

개인보다는 공동체에 충실하고

평범하나 자기 멋이 있으며

문명을 이해하나 자연을 더 사랑하고

용맹하되 불의하지 않으며

강하나 고집부리지 않고

불이익을 당할지라도 정직하며

용기 있으나 만용을 부리지 않고

모든 것이 풍족해도 기도를 쉬지 않으며

궁핍해도 감사가 떠나지 않는

소망의 믿음 안에서 자라게 하소서.

자녀를 위한 기도 5

주님.

주께서 저에게 선물로 주신 자녀들이

하나님의 말씀을 듣고 순종하며

여호와를 경외하는 마음을 잃지 않게 하시고

모든 것을 나누어도 아깝지 않은 친구를 만들게 하시며

건강한 인격과 창조적 세계관으로 인도할

스승을 만나게 해 주소서.

그래서 당신과 이들을 아는 자들의

풍성한 자랑이 되게 하소서.

자녀를 위한 기도 6

우리를 복의 근원으로 삼아 주신 아버지 하나님!

아브라함이 약속을 따라 그의 고향, 친척과 아버지의 집을 떠난 것 같이 우리를 태국 땅으로 인도해주심을 감사합니다.

우리도 '너를 축복하는 자에게는 내가 복을 내리고 너를 저주하는 자에게는 내가 저주하리니 땅의 모든 족속이 너로 말미암아 복을 얻을 것이라'는 약속을 믿고 의지합니다. 그러나 우리는 태국 사람들이 우리를 축복해 줄 만큼 살지 못하고 오히려 이기적인 생각과 행동으로 저들을 불편하게 하면서도 우월감 속에 살았던 것을 용서해 주소서.

주여!

우리 자녀들이 아무도 저들을 저주하지 못할 만큼 진실하고 거룩하며 의롭게 노력하되 하나님만 의지하며 살게 하시고, 이런 우리의 자녀들을 축복해 주는 이웃들이 많아지게 해 주소서.

자녀를 위한 기도 7

우리는 하나님의 진실 앞에 진실할 수도 없는 자들이지만
예수님께서 십자가에서 흘리신 사랑의 피로 말미암아
다시 하나님 앞에 설 기회를 얻었습니다.

오늘 회개하고 또 다짐하고도
다시 게으름을 반복하고 나쁜 습관을 떠나지 못하는
불가능한 죄인이라는 이유를 들어
진실과 열정을 포기하는 교만과 어리석음에 이르지 않게 하소서.

믿음 안에서 포기하지 않고 인내하다 보면
더뎌 보이지만 어느 순간
내가 원하는 꿈으로 이르게 하시는
하나님의 인도하심을 맛볼 수 있게 하소서.

사랑하는 우리의 자녀들이

하나님께서 주시는 기회를 받아 누릴 수 있도록

순종으로 경건의 능력을 준비하는 자가 되게 하소서.

공통분모

주여!

주께서 내게 주신 가족들로 인하여 감사합니다. 혈연관계이든 사명 안에서이든 사회적 이웃 관계이든, 모두가 당신을 아버지라 부르는 공통분모 속에서 살게 하심을 감사합니다. 내가 받은 사랑으로 그의 약함을 보충해 주고, 그가 받은 사랑으로 나의 연약함을 품어주는 가족을 주셔서 감사합니다.

주여!

내 사랑이 친절하고 겸손하여 나의 사랑을 받는 가족의 마음이 먼저 치료되게 하시고, 내 신실함과 충성됨이 나를 사랑하며 섬기는 자들에게 기쁨과 자랑이 되게 하소서. 인류의 죄를 대신 하여 십자가에 돌아가시고 부활하신 주 예수의 은혜로 우리 영적 대 가족 모두가 형통한 자가 되어, 우리 가족을 품어준 사회와 공동체에 주의 평화를 이루게 하소서.

영어 캠프를 위한 기도 1

천지를 창조하신 하나님 아버지!

사람의 마음에 많은 계획이 있을지라도 성취되는 것은 오직 하나님의 뜻뿐이라는 지혜의 말씀으로 인하여 감사합니다. 이 땅에서 적은 수의 소수민족으로 살아가는 우리 한국 청소년들이 한 장소에 모여, 좋은 선생님을 모시고 원하는 대학에 가는 데 필요한 공부를 할 기회를 주셔서 감사합니다. 이 기회에 집중력을 가지고 인내하며 공부하는 습관 들이는 일을 가장 중요한 목표로 삼고 도전하게 하시고, 나 한 사람만을 위한 지식이 아닌 많은 사람을 품고 살아갈 수 있는 지혜를 허락해 주소서. 하나님의 말씀은 물론 나를 사랑하는 부모님과 선생님, 영적인 리더나 사회의 어른들 권면에 억지로라도 순종하는 훈련을 통해, 불필요한 실수 없이도 삶의 지혜를 깨달아 가게 하소서.

영어 캠프를 위한 기도 2

지혜의 근본이신 아버지 하나님!

그동안 우리는 다른 친구들보다 더 좋은 성적 얻는 것이 자랑이고 더 좋은 대학 들어가면 성공이란 이기적인 마음으로 공부하지 않았나, 돌아봅니다. 일의 가치를 유물론적으로만 계산하고 생명을 품지 못했으며, 일의 과정을 통해 나의 모남이 다듬어지고 성숙해지는 은혜를 깨닫지 못하고 결과만 좇아왔던 어리석음을 용서하소서.

주여!

우리 아이들의 꿈은 위치가 아니고 그들의 수고와 땀으로 책임지는 생명의 숫자가 되게 하시고, 그 생명을 책임지고 살아가는 과정이 세상 공의의 기준이 되게 하소서. 비록 나의 신분과 삶은 여전히 그대로일지라도, 나로 인하여 이웃이 평안하고 잘되는 것이 저 아이들의 기쁨이 되게 하시고 주께 드리는 찬양이 되게 하소서.

동역자를 위한 기도 1

주여!

저는 당신의 강권적인 인도를 따라 지난 90년 4월 10일 밤 델타 항공편으로 태국 방콕 돈므앙공항에 도착했습니다. 제가 28년째 태국 북부 치앙라이와 치앙마이에서 영혼을 섬기는 은혜를 누리도록 때를 따라 필요한 동역자들을 보내 주시어, 저의 부족함을 보충해 주신 은혜에 감사합니다.

십자가와 부활의 복음이란 공통분모 아래 어려운 삶의 환경 가운데서도 기도와 물질로 섬겨주신 신실한 하나님의 백성들을 만나 동역하며 오늘에 이른 것이, 하나님의 신비한 은혜이고 선교는 살아계신 하나님의 일이란 증거입니다.

주여!

27년 동안 이곳을 방문해 볼 여유가 없는 삶의 환경 속에서도 믿음으로 신뢰하고, 이곳 섬기는 일을 우선순위에 두고 헌신해 온 신실한 사랑 앞에 저와 우리 공동체가 부끄럽지 않게 살게 하소서.

　주님께서 사랑하는 동역자들의 모든 가정과 교회와 사역 가운데 부활의 기쁨과 평안을 주시고, 그들의 영혼이 잘 됨 같이 범사에 형통한 은혜를 누리며 함께 주의 다시 오심을 소망하며 살게 하소서.

동역자를 위한 기도 2

　사랑의 아버지 하나님!

　사랑하는 동역자에게 20주년을 허락하신 하나님께 큰 영광 돌립니다. 선교사로서 성년을 맞이하게 된 두 분 선교사를 모든 공동체 식구들과 함께 축하하고 축복하게 하시니 감사합니다. 그들의 수고와 인내와 섬김을 위로하시고 기뻐 받아주소서.

　지금까지 그들의 성장의 모든 과정을 이끄시고 인도해주신 주님, 앞으로도 주님의 꿈을 이루어 갈 때 주님과 같은 심령으로 이 땅의 영혼들을 섬기며 그들의 땀방울로 인한 성숙의 열매를 맛보는 은혜를 끊임없이 허락하옵소서. 그들에게 허락하신 자녀가 시냇가에 심은 나무처럼 철 따라 열매 맺게 하시고 그들의 수고와 땀으로 다른 사람을 섬기며 그들과 함께 있는 이웃과 주변이 먼저 복 받는 형통을 허락하옵소서.

　오늘 있을 메콩강 공동체 가족의 밤 행사와 사랑하는 우리 모든 공동체 식구들에게 주 예수 그리스도의 은혜와 평강이 넘치게 하소서.

아들 가족을 위한 기도

주여. 감사합니다.

나를 믿음의 어머니를 통해 세상에 보내시고 당신이 예정하시고 준비시켜 온 아내와 짝지어 가정을 꾸려주셔서 감사합니다. 하나님의 이름의 영광을 위한다며 생육하고 번성하라는 명령, 당신의 불가항력적 은혜를 인간의 방법으로 거절했을 때 우리 부부를 살려 주셔서 감사합니다. 한국에서 그런 내 의를 자랑하며 살려고 했던 우리 부부를, 아는 사람 하나 없는 태국 북쪽 빠마이 산속으로 보내. 그곳에서 당신이 계획하신 생명, 아들 '다라'를 저의 가정에 잉태시켜 태어나게 하사 돌보고 기르며 오묘하신 당신의 섭리를 깨달아 가는 기쁨을 주셔서 감사합니다.

여전히 철부지였던 저희 부부의 좌충우돌하는 어리석은 자녀교육 방법과 여러 다양한 이방 문화 속에서도 아들 '다라'의 육체와 정신을 건강하게 자라게 해 주셔서 감사합니다. 아들이 한국 대학을 선택하게 하시고 ROTC와 대학 신문사 활동을 병행하며 대학을 마치고 리더로

또래 친구들을 섬기며 군 복무를 하게 하시고, 회사에서 사회생활을 경험할 수 있도록 인도해주셔서 감사합니다.

결혼에 대한 인식이 급변하는 한국 사회에서 주께서 당신을 지극히 사랑하는 믿음의 가정에서 준비시켜오신 딸 '평강'이를 만나게 하시고, 두 사람이 하나님의 뜻을 깨달아 둘이 한 몸이 되어 살아가는 가정으로 세워 주셔서 감사합니다. 결혼식을 준비하는 신랑 신부 두 사람과 우리 양가 부모의 들뜬 마음속에 숨겨진 인간의 교만한 생각을 코로나19로 다스려 겸손하게 해주시고, 선하신 주께서 친히 선한 길로 인도해 가시는 결혼 예식의 과정을 평안한 마음으로 바라보며, 이 길이 순종의 길임을 확신하게 해 주셔서 감사합니다.

주여.

지금까지 지내 온 것이 주의 은혜였으니 다라와 평강이가 계획하고 가는 길도 주께서 함께하시는 순종의 길이 되게 하셔서, 낯선 길일지라도 강하고 담대하게 하시고 순종의 꼭짓점에서 순종을 멈추지 않고 순종을 연장해 가게 하소서. 하나님의 섭리 수레바퀴에 실려 가는 은혜를 경험하게 하시고, 억울한 누명을 쓸지라도 누군가의 평안을 지켜주는 순종의 사람, 샬롬의 가정이 되게 하소서. 내 꿈이 아닌 누군가의 꿈을 위해 신실하게 하시고, 이방인의 풍년을 공정하게 관리할 수 있는 정직함을 주시고, 기근 속에서 생명을 구원하는 은혜를 맛보며, 주의 전능을 찬송하는 가정이 되게 하소서.

제4부

기도의 에피데믹을 바라며

우리나라를 위해 / 의료관계자들을 위해 1 / 의료관계자들을 위해 2 / 언론을 위해 / 위정자들을 위해 / 목회자들을 위해 / 성도들을 위해 / 교회들을 위해 / 우리 국민을 위해 / 격리 예배를 위해 / 가난하고 애통해하는 심령을 위해 / 교회와 성도들을 위해 / 온유한 기독교인 1 / 온유한 기독교인 2 / 온유한 기독교인 3 / 낯선 환경을 주셔서 감사 / 말씀에 굶주린 심령 / 격리 중인 자들을 위해 / 두세 사람이 주의 이름으로 모인 곳을 위해 / 관계 공무원들을 위해 / 각종 배달업 종사자들을 위해 / 사회적 약자들을 위해 / 다시 목회자와 설교자들을 위해 / 치앙마이 교민들과 여행업 종사자들을 위해 / 이탈리아, 이란, 유럽을 위해 / 사회적 거리 두기를 위해 / 경제를 위해 / 한글학교와 음악학교를 위해 / 자신을 위해 / 예수가 우리를 부르는 소리 / 소수민족 교회를 위해 / 내가 붙잡고 있는 것 / 고통 분담을 위해 / 지혜 / 목회기도 / 불편함이 감사가 되도록 / 맘이 곤한 자들을 위해 / 괜찮은 거지요? / 가정예배를 위해 / 비대면 예배

'카렌족 후에이클랑교회' 아직도 비포장 진흙 길과 아슬아슬한 절벽을 이틀 동안 가야 하는 밀림 속의 마을이다.
문명의 방해와 유혹을 받지 않고 자연처럼 순수하고 강인한 생명력으로 기도할 수 있는 곳이다.

우리나라를 위해

우리의 기도가 코로나 19의 전염성보다 더 강한 에피데믹 현상으로 이어지길 바랍니다. 내 간구의 결과에 하나님의 백성들이 모여 하나님의 이름을 찬양하는 것이 되도록 기도를 이어갑시다. 먼저 유치부 아이들이 드린 대통령을 위한 기도를 올립니다.

하나님, 우리 대통령 할아버지가 기도하는 대통령이 되게 해주세요. 국민을 바르게 생각하고 지혜로운 판단 하도록 도와주세요. 우리 모든 국민과 대통령이 어려움을 잘 이겨내게 해 주세요.

이어서 기도합니다.

우리 대통령이 백성을 위한 공의로운 판단에 지혜롭게 하소서. 대통령이 맘에 들지 않는 여러 세력이 하는 이야기에도 신중하게 귀 기울이며, 불의를 두려워하지 않으며, 정의와 공의 앞에 온유하게 인내하는 힘을 주소서. 코로나 19 전염병을 이겨내는 과정을 통해, 국민 보건에서 그동안 우리가 깨닫지 못했던 여러 문제까지 찾아내 해결해 내는 리더십을 주소서.

의료관계자들을 위해 1

하나님 아버지.

의사들이 아픈 사람들을 잘 치료하여 다시 건강해지게 도와주세요.
의사들도 아프지 않게 해 주세요. 의사와 간호사들이 병원에 오는 아
픈 사람들이 어디가 문제인지 정확히 알아 치료하도록 지혜 주세요. 병
원 안에서 코로나바이러스가 더 퍼지지 않도록 해주시고 다른 환자들
도 지켜주세요. 의료진들이 환자들을 사랑하게 해주시고 환자들이 의
사들의 말을 잘 따르게 해주세요. 밤낮으로 수고하고 계신 의료진들
과 질병관리본부, 기타 모든 공무원에게 이 상황을 극복해 내는 강인
한 체력과 정신력을 주시고, 정부가 대처하는 방법이 다소 나의 전문지
식이나 경험과 다를지라도 지혜롭게 건의하며 최선을 다해 협력하는 의
료관계자들이 되게 해 주세요.

의료관계자들을 위해 2

주여.

환자들을 위해 수고하는 모든 의료진이 순간순간마다 생명의 주인이신 하나님을 의지하여 새 힘을 얻게 하소서. 저들이 육체적 에너지가 고갈되어 환자들에게 친절하게 대하지 못하는 실수를 하지 않도록 주께서 눈동자와 같이 살피시고 하늘의 힘을 더하여 주소서. 환자들에게 은혜를 베풀어 주서서 의료진의 수고에 감사하고 위로의 말을 건네는 사랑과 위로가 넘치는 치료공간이 되게 하소서. 병원이나 격리되어 환자를 치료하는 곳마다 영과 육이 회복되는 영적 부흥의 장소가 되게 하서서, 절망의 한숨이 변하여 기쁨의 찬송이 되게 하소서.

언론을 위해

하나님,

대한민국의 국민이 코로나 19 바이러스의 확산으로 두려워하고 있습니다. 바이러스의 확산을 막을 수 있도록 바이러스에 대한 정확한 정보와 확진자들의 경로를 언론을 통해 알게 하소서. 언론에서 상대를 비방하는 내용보다 서로를 위로하며 한마음으로 이 위기를 극복해 갈 수 있는 소망을 주는 소식을 전하게 하옵소서. 자유롭게 자기 생각을 말하고 표현할 수 있는 나라를 주서서 감사합니다. 하지만 누군가의 자유로운 표현으로 내가 불편함을 느꼈다면 나부터 누군가의 마음에 상처를 줄 수 있는 기사를 자제하고 진실을 알려주어 평안, 위로, 용기, 기쁨을 주고받는 통로로 쓰임 받게 하소서.

위정자들을 위해

하나님.

위정자들이 자신의 정치적 이익 집단을 대표하는 자들이 아니라 국민을 대표하는 자들임을 기억하게 하소서. 한마음으로 과학적이고 치밀한 방역 조치에 임하게 하시고, 생업이 위축되지 않을 방법도 동시에 고려하여, 국민이 위기에 대처할 수 있게 하소서. 개인의 이익보다는 나라와 국민의 안녕을 우선하는 마음으로 주변을 살피며 섬기는 은혜를 주소서. 한걸음 물러나 서로를 품고 분열이 아닌 용서와 화합하는 모습을 보이게 하소서. 이 계기를 통해 백성이 염려하는 지도자가 아닌, 진실한 마음과 행동으로 백성을 우선하고 위로해 주는 위정자들로 거듭나, 국민의 신뢰와 존경을 받는 위정자들로 회복되게 하소서.

목회자들을 위해

주여.

사랑하는 우리 목회자들을 불쌍히 여겨 주시어 먼저 주의 나라와 주의 뜻을 진실하게 구하고 깨달아 그 하나님의 뜻이 저들의 소원이 되게 하소서. 주의 말씀을 일용할 양식으로 구하며 그 말씀의 힘으로 자신을 용서하고, 이웃에게 사랑과 용서를 흘려보내는 자들이 되게 하소서. 비유로 말씀하신 주님의 뜻을 바르게 깨닫기 위해 겸손하게 주님께 묻는 자가 되게 하시며, 교회를 통해 세상에서 유명한 자가 되려 하기보다 주의 말씀으로 세상에 속한 자신을 죽이는 노력을 쉬지 않는 자들이 되게 하소서.

성도들을 위해

주님,

사랑하는 성도들이 하나님의 나라와 그의 의를 사모하며 하나님의 뜻을 아는 자들이 되게 하소서. 하나님의 뜻으로 자신을 채우고 그 뜻이 삶의 소원이 되게 하시며, 사랑과 용서라는 하나님의 뜻을 이웃에게 흘려보내, 사랑과 용서의 연쇄반응을 일으키는 성도의 의무를 지혜롭게 행하는 자들이 되게 하소서. 보이는 것으로 세상과 경쟁하며 불안해하지 않게 하시고, 진리의 말씀 안에서 평화를 추구하는 넉넉한 마음으로, 불의 앞에 강하고 담대하게 하소서.

교회들을 위해

정적으로 생각했던 대상의 숨겨진 악이 드러남을 우리의 기도가 응답 된 것처럼 착각하지 않게 하시고, 내 위선적 행위 안에 감추어둔 악이 드러남을 감사하게 하소서. 형제자매들의 안전을 위해 당분간 함께 교회당에 모이지 못하게 되었습니다. 하나님이 우리에게 주시려는 경종의 의미를 깨닫게 하시고, 방역 당국의 지침에 따르는 것을 하나님의 뜻에 불순종하는 것처럼 해석하지 않게 하소서. 그동안 많은 주의 종들이 바라며 시도해 보았던 초대교회의 모습을 회복하라는 주의 뜻이라 믿으며 초대교회와 같은 교회들이 많이 일어나게 하소서. 온 가족이 격리된 그곳을 골방 삼아 길이요, 진리요, 생명이신 하나님의 말씀 앞에서 영육의 쉼을 누리며 가족의 사랑을 회복하는 시간으로 삼게 하소서.

우리 국민을 위해

주여.

"다시 우리 민족을 긍휼히 여기서서 우리 민족의 죄악을 발로 밟으시고
우리 민족의 모든 죄를 깊은 바다에 던지소서(미가 7:19)"

우리의 이기적인 삶의 저울추가 세상에서 하나님 나라로 기울게 하
소서. 나만의 행복과 안녕을 추구하던 이기심에서 이웃과 함께하는 평
화로 향하게 하소서. 우리를 향한 하나님의 사랑과 긍휼의 뜻은 내 뜻
에 따르지 않은 누군가를 변화시키라는 것이 아닌, 내가 하나님의 거
룩함을 닮아가는, 나의 변화라는 것을 깨닫게 하소서. 집단의 힘을 거
룩하게 사용할 능력이 없는 저희를 불쌍히 여겨 홀로 있는 시간을 주신
것을 감사하며, 격리라는 기회를 자신을 돌아보고 가정의 사랑을 회복
하는 은혜로 삼게 하소서.

격리되어 드리는 예배를 위해

주여,

우리에게 '두세 사람이 내 이름으로 모인 곳에는 나도 그들 중에 있다'라는 약속을 깨닫게 해 주시려고, 익숙한 공간에서 격리해 사랑하는 가족과 함께 예배할 수 있는 은혜를 주셔서 감사합니다. 오늘 주의 이름으로 모인 곳마다 예수의 십자가와 부활의 소식을 나누게 하시고, 우리의 생명의 근원이신 하나님을 찬양하는 기쁨을 온 가족이 누리게 하소서. 내게 죄를 범한 형제를 일곱 번까지 용서하면 되느냐고 물었던 베드로에게 일곱 번을 일흔 번까지라도 용서하라 하신 말씀을 이 '시대를 향한 하나님의 응답'으로 받게 하소서. 사랑과 용서의 연쇄반응이 신종바이러스보다 더 빠르고 강력하게 우리나라를 휩쓸어 거짓과 권모술수, 불평과 원망, 시기 질투가 전혀 힘을 쓰지 못하는 영적 에피데믹을 일으켜 주소서.

가난하고 애통해하는 심령을 주소서

주여.

이 땅의 주의 종들이 가난한 심령과 애통하는 마음으로 하나님께서 전적으로 성취해 가시는 구원의 역사를 믿음으로 겸손하게 바라보게 하소서. 자기 영광으로 가득 찬 속을 비워 예수그리스도로 채우고, 돈과 명예로 세상과 경쟁하던 길에서 돌이켜 맡겨진 생명을 흉악의 결박에서 풀어 주며 멍에의 줄을 끌러주고, 압제당하는 자를 자유케 하며 모든 멍에를 꺾고 주린 자에게 일용할 양식을 주며, 유리하는 빈민을 자기 집에 들이며 벗은 자를 입히는, 하나님이 기뻐하는 금식을 즐거워하게 하소서(사 58:6-7). 율법의 행위로 안식일을 지키지 못함을 죄로 여기고, 그 원인을 이웃에게 돌리는 어리석은 함정에 빠지지 않게 하시고, 하나님의 뜻을 바르게 깨닫지 못한 우리의 어리석음을 회개하게 하소서.

교회와 성도들을 위해

애통하는 자가 위로를 받을 것이라고 말씀하신 주님.

이 땅에서 당신의 백성으로 선택하여 부른 성도와 교회들에 애통해하는 마음을 주소서. 주의 위로를 간절히 사모하면서도 애통의 길에 서지 않고, 멸망의 자손들처럼 원망과 비방을 부풀리는 망령된 길에서 돌아서는 은혜를 주소서. 긍휼히 여기는 자가 긍휼히 여김을 받을 것이라 하신 약속의 말씀을 기억하고, 서로를 긍휼히 여기는 은혜를 흘려보내는 주의 백성들이 되게 하소서. 화평케 하는 자가 하나님의 아들이라 일컬음을 받을 것이라 하셨으니, 오늘의 어려움을 정부나 정적의 탓으로 돌리고 분열을 가중하는 일에 열정을 내는 어리석음에서 돌이켜, 모든 성도와 교회들이 주님처럼 화목제물이 되게 하소서.

온유한 기독교인 1

주여.

우리를 온유한 자로 변화시켜 주소서. 왕이신 하나님께서 친히 그의 백성을 섬겨주시는 하나님 나라를 기업으로 받은 자에 걸맞은 성품을 갖게 하소서. 가난한 심령과 애통해하는 마음으로 나의 무능을 인정하고 하나님께서 성취해 가시는 구원의 역사를, 믿음으로 묵묵히 바라보는 부드럽고 포용력 있는 온유한 자가 되게 하소서. 어떠한 환난과 핍박이 올지라도 흔들리지 않고 하나님의 약속이 이루어져 가는 과정에서 나의 뜻을 비우고, 하나님의 뜻을 나의 소원으로 채워가는 온유한 자로 성숙 되게 하소서. 온유하신 주께서 우리의 죄를 대신해지신 십자가의 힘으로, 오늘 직면한 삶의 수고와 무거운 짐도 쉽고 가볍게 느끼며 인내하게 하소서.

온유한 기독교인 2

주여.

상황이나 감정에 따라 변하는 인간의 온유가 아닌 어떤 상황에서도 변하지 않는, 그의 백성의 죄를 대신해 십자가를 지신 예수님의 온유함을 가르쳐 주소서. 인간의 열심과 노력으로 생산해 내고 발전시킬 수 있는 온유함이 아닌, 하나님께서 은혜로 주신 이 예수님의 온유함만 의지하게 하소서. 우리 마음대로 되는 게 하나도 없어도 실망하거나 좌절하지 않고 온유하신 예수그리스도께 붙들려 사는 것을 기뻐하고 감사하게 하시고, 길이요 진리요 생명이신 예수님에 대해서만 가난한 마음을 주시고 내 안에 예수가 아닌 것이 있으므로 인해 애통해하는 심령을 주소서.

온유한 기독교인 3

주여.

한국 땅에 있는 주의 백성들이 주의 온유함을 본받아, 세상이 교회들을 향해 말하는 쓴소리를 교회에 대한 핍박과 박해로 여기고 분노하는 어리석음에 빠지지 않게 하소서. 스스로 돌이킬 수 있는 자정 능력을 상실한 우리를 불쌍히 여기신 주께서 세상을 통해 다시 우리에게 회개의 기회를 주신 것이라 감사하며 주의 말씀 앞에 무릎 꿇게 하소서. 때가 악하다고 생각할수록 더욱 투명하고 선명해진 교회와 성도들의 온유함으로 세상의 화평을 이루고 희망을 회복하게 하소서.

낯선 환경을 주서서 감사

주여.

우리를 우리가 원하지 않는 환경 속에 넣으신 것은 우리의 영육을 강하게 단련시키시려는 주의 사랑임을 깨닫고 감사하게 하소서. 주께서 나의 손을 잡고 이끌어 가신 후 문을 닫으신 이 골방에서 우리의 기도가 습관에 젖은 추상적인 용어들에서 하나님의 뜻을 구체적으로 구하고 깨닫는 시간이 되게 하소서.

말씀에 굶주린 심령

주여.

우리에게 진리의 말씀에 굶주린 심령을 주소서. 하나님께서 우리에게 진 빚, 약속의 말씀을 속히 갚아주소서. 우리가 주의 뜻을 바르게 깨달아 외식하는 자들처럼 억지로 육의 밥을 굶어 슬픈 기색과 흉한 얼굴로 세상의 동정을 구하는 어리석음에 빠지지 않게 하소서. 예수그리스도의 십자가와 부활의 복음과 성령의 기름을 머리에 바르고 진리의 말씀으로 얼굴을 가리고 있는 죄의 껍질을 씻어내 은밀한 중에 계신 하나님께서 보시고 베푸시는 상을 바라게 하소서.

격리 중인 자들을 위해

주여.

　병을 얻어 격리 중인 자나 어떤 만남의 자리를 통해 어쩔 수 없이 자가격리를 당하게 된 자나, 공간적으로 활동의 제약을 받는 자들에게 주의 위로와 평안을 주소서. 그 시간을 내가 지켜야 할 삶의 경계선을 다시 점검하여 구멍 뚫리고 무너진 곳은 없는지 찾아내 수리하고 더욱 건강하게 지켜내기 위한 묵상의 시간으로 활용하게 하소서. 만약 누군가의 경계를 침범해 이웃을 불편하게 했던 것들이 생각나거든 미안한 마음을 고백하는 용기를 내게 하시고 화해로 이끌어가는 시간이 되게 하소서.

두세 사람이 주의 이름으로 모인 곳을 위해

주여.

하나님의 은혜로 한국교회들이 오늘까지 왔습니다. 이것을 나의 능력으로 쟁취한 승리처럼 이곳 저곳에 기념비를 세우고 하나님의 일을 했다고 자랑하던 것을 부끄러운 일로 깨닫게 하소서. 세상의 보물과 율법으로 쌓아오던 예배에서, 신령과 진정으로 여호와를 경외하는 예배로 회복하는 시간이 되게 하소서. 하나님은 그의 말씀에 귀 기울이고 순종하는 것을 숫양의 기름으로 드리는 제사보다 더 낫게 여기시는 분이시니, 죄인을 나무라지 않으신 그분의 말씀 앞에서 친밀하게 교제하는 시간이 되게 하소서.

관계 공무원들을 위해

주여.

전염병으로 비상근무하며 평상시보다 더 많은 업무량 속에서 수고하는 각 지역 공무원들에게 건강과 지혜를 더하여 주셔서 이 상황을 지혜롭게 잘 이겨내게 하소서. 이런 기회를 통해 자기가 맡은 구역 내 주민들의 상황을 좀 더 자세하게 알게 하시고, 그동안 소홀히 했던 책임과 의무에 대해 반성하고 감사하며 주민들을 섬기는 자들이 되게 하소서. 주민들은 정부가 발표하는 안전수칙을 잘 숙지하고, 불편하더라도 담당 공무원들의 지도력을 따라 더는 질병이 퍼지지 않도록 하는 일에 능동적으로 협력하는 성숙함을 주소서.

각종 배달업 종사자들을 위해

주여.

코로나 19로 인해 격리된 사람들이 많아지면서 전염의 위험 속에서 더욱 바빠진 각종 배달업 종사자들의 건강을 지켜주소서. 감사와 기쁨의 소식, 행복한 마음과 위로를 전달해 주는 자로서 자긍심을 가지고 격리되어 답답해하는 사람들을 시원하게 해주는 지혜로운 사명자의 마음으로 회복시켜 주소서. 우리 국민은 저들의 수고에 감사하며 따뜻한 말과 짧은 감사의 글로 저들을 응원하며 아름다운 마음을 표현하는 방법을 훈련하고, 그것이 습관이 되게 하소서.

사회적 약자들을 위해

주여.

코로나 19사태가 장기화하면서 그날그날 벌어서 근근이 살아오던 사회적 약자들, 일하고 싶어도 사회적 거리 두기 등으로 일할 수 없는 상황이 되어 이제 생활비를 걱정해야 하는 저들에게 주의 위로와 평안을 주소서. 교회와 성도들의 마음을 감동해 주셔서 이런 환경에 처한 일용근로자, 파출부, 전단을 나누어주는 사람, 요양보호사, 포장마차, 계약직 근로자들에게 사랑을 흘려보내는 은혜를 주소서. 모든 국민이 사랑의 마음으로 자기 주변의 어려움 당한 이웃들을 찾아가 작은 것이라도 나누고 위로하는 따뜻한 국민의식이 발휘되는 기회가 되게 하소서.

다시 목회자와 설교자들을 위해

주여.

목회자들이 성도와 서로 화답하며 예배드리지 못하게 된 현 상황을, 교회를 정금같이 단련시키려는 하나님의 사랑으로 깨닫고 자신을 먼저 돌아보는 기회로 삼게 하소서. 하나님의 말씀을 바르게 이해하고 일용할 양식으로 삼고, 그 양식으로 성도들을 먹여 왔는지 돌아보고 율법적 나의 행적 쌓기에서 돌이킬 수 있도록 성령께서 역사해 주소서. 나누고 흩어지고 작아지는 것이 실패가 아니라 이것이 예수그리스도를 머리로 삼은 교회의 참모습임을 깨닫고, 오늘 이 상황을 그 길로 인도해 가시는 주님의 은혜로 받아들이게 하소서.

치앙마이 교민들과 여행업 종사자들을 위해

주여.

치앙마이에 사는 한인들의 건강을 지켜주소서. 특별히 여행업과 한국식당을 하며 살아가는 한인들이 처한 상황과 어려움을 아시니 위로해 주시고 주의 평안을 더하소서. 12월부터 4월까지 이어지는 여행 시즌 동안 열심히 일해야 남은 1년을 살아가는 이 사람들이 아무것도 할수 없는 이 시간을 답답해하는 것이 아니라, 지혜롭게 활용해 더욱 성숙한 여행문화를 만들어 내는 계기로 삼게 하소서. 치앙마이 교민들이 서로 위로하고 의지하며 오늘을 이겨내게 하시고, 특별히 어려움에 부닥친 한인 여행업과 식당들을 이용하며 동포의 사랑을 나누는 은혜도 누리게 하소서.

이탈리아, 이란, 유럽을 위해

주여.

우리와 같은 아픔을 겪고 있는 이탈리아, 이란, 유럽 여러 나라의 지도자와 국민이 이 상황을 지혜롭게 극복해 나갈 수 있도록 은혜를 베풀어 주소서. 코로나 19가 방역과 의료 환경이 열악한 나라들보다 한때 세계 문명을 이끌었던 여러 선진국에서 더 급속하게 퍼져가는 이유에 대해, 온 인류가 겸손하게 하나님 앞에 묻고 회개로 이어가는 답을 찾게 하소서. 오늘 세계 모든 민족과 백성 중에 선택받은 주의 자녀들이, 그 처한 환경과 상황 속에서 하나님 앞에 모여 주의 말씀에 귀 기울일 때 그 약속의 말씀으로 쉼을 얻게 하소서.

사회적 거리 두기를 위해

주여.

코로나 19로 인해 그동안 익숙했던 사회적 만남과 거리를 두고 홀로 있는 공간과 시간을 주신 것은 나와 독대하고 싶으신 하나님의 사랑이라 깨닫고, 주께 좀 더 가까이 가는 시간이 되게 하소서. 내가 좋아하던 만남에서 내가 꼭 만나야 할 자를 만나고 바쁘다는 핑계로 소홀히 했던 사람들을 챙기며, 나의 부족함을 점검하고 보충하는 시간으로 활용하게 하소서. 세상이 보물이라 여기는 것들을 추종하며 그것을 땅에다 쌓기 위한 예배와 기도에서 돌이켜 하나님의 약속의 말씀을 진실로 사모하는 예배와 기도의 시간이 되게 하소서. 맹목적으로 누군가에게 이끌려가던 길에서 돌이켜, 지금까지 나를 눈동자와 같이 살피시며 돌보아주신 주의 은혜와 감사를 찾는 시간이 되게 하소서.

경제를 위해 기도

주여.

코로나 19로 인한 사회적 거리 두기의 기간이 길어지면서 경제의 흐름이 좋지 못합니다. 이로 인하여 고통받는 형제자매를 기억하소서. 무엇을 먹을까 무엇을 입을까 근심에 갇히지 않게 하시고, 먼저 주의 나라와 의를 구하는 믿음으로 성숙하게 하소서. 욕망의 무한 질주에 제동을 걸어주심에 감사하며, 세상의 것이 가난해져 두려워하는 마음을 심령의 절대 가난으로 변화시켜 하나님 나라를 사모하는 믿음으로 성숙시켜 주소서. 세상의 것으로 세상에 쌓으며 자랑하던 세상의 보물을 팔아 진리의 말씀으로 바꾸어, 생명을 살리는 하늘의 것으로 하늘에 보물을 쌓는 기회로 삼게 하소서.

한글학교와 음악학교를 위해

주여.

3월 한 달 동안 휴교에 들어간 치앙마이 한글학교 학생들이 가정에서 부모님과 함께 한국어를 더 많이 사용해 보고, 스스로 부족함을 보충하기 위해 노력하게 하소서. 학생들을 만나 가르치지 못해 미안한 마음으로 아이들을 염려하는 선생님들에게 지혜와 사랑을 더하여 주셔서, 자기 반 아이들과 SNS를 통해 더 깊고 풍성한 사제의 정을 쌓는 기회로 삼게 하소서. 코로나 19 예방을 위한 태국 정부의 방침에 따라 내일부터 2주간 휴교에 들어가는 음악학교 학생들도, 답답한 자가격리 기간을 음악을 통해 유익하게 보낼 수 있도록 은혜 베풀어 주소서.

주여.

오늘 인류가 직면한 이 상황의 책임을 내가 아닌 다른 곳에서 찾으려 하는 어리석음에서 벗어나, 내가 바로 그 원흉 중 하나라고 인정하고 문제를 풀어가는 지혜를 주소서. 여러 어두운 소식이 나를 엄습해 올지라도 이웃을 원망하지 않게 하시고, 이 상황이 아니면 깨달을 수 없는 주의 뜻을 찾아 갈급한 심령으로 이끌어 주소서. 내 의지로 끊어보려 했지만 끊지 못했던 죄의 습관과 단절하게 하시고, 절제할 수 없어진 욕망을 향한 질주를 멈추게 하신 은혜에 감사하며, 주의 뜻을 향해 돌아서는 기회로 활용하게 하소서.

예수가 우리를 부르는 소리

주여.

코로나 19에 대처하는 우리의 모습이 하나님의 품 안에서 쉼을 사모하고 뜻을 찾기보다 여전히 하나님의 손에서 벗어나 인간의 문명과 동맹하고 싶은 발버둥 같습니다. 우리가 쌓아온 바벨탑 앞에 제단을 쌓고 그에서 종노릇하는 것이 하나님의 사랑의 섬김을 받으며 사는 것보다 더 행복한 삶이라고 우기는 것 같습니다.

주여.

내가 옳다고 생각하는 상황과 신분 속에 합리화하고 숨겨놓은 죄를 깨닫고, 애통하지 않고도 주의 위로를 구하는 우리의 오만과 뻔뻔함을 용서하여 주소서. 우리를 부르는 부드러운 주의 음성 앞에 발악하는 우리를 긍휼히 여기셔서, 우리의 죄악을 발로 밟으시고 우리의 모든 죄를 깊은 바다에 던지시어(미 7:19) 내가 주 앞에 홀로 서게 하소서.

소수민족 교회들을 위해

주여.

우리 소수민족 성도들은 대부분 글을 모르는 문맹이어서 함께 부르는 찬양이나 누군가 들려주는 말씀을 통해 일용할 양식을 공급받아 주의 나라를 누리던 자들입니다. 온라인 예배를 드릴 형편도 아니고 가정별로 예배를 드려야 하는데, 예배에 열정을 내려다 행여 익숙한 샤머니즘 형태로 회귀하지 않을까 염려스럽습니다. 저들을 불쌍히 여겨 주시어 저들이 '주여'라고 부를 때에 세상이 줄 수 없는 하늘의 평안으로 응답해 주시고, 그 평안으로 하나님의 약속을 이루어 달라고 구하는 시간이 되게 하소서. 누군가 입을 열어 그동안 들었던 하나님의 말씀을 전하려 할 때, 성령으로 그의 입을 붙드사 진리의 말씀을 쏟아내게 하시고, 그 말씀을 듣는 온 가족이 풍성한 쉼을 얻게 하소서.

내가 붙잡고 있는 것

주여.

내가 지금 붙잡고 있는 것이 선의 발목인지 악의 발목인지 깨닫게 해 주소서. 만약 선을 시기 질투하여 그의 발목을 물고 늘어지고 있었다면 즉시 회개하고 일어나, 선의 손을 잡고 동행하는 용기를 주시고, 만약 악과 대항하다 지쳐 쓰러져 악의 발목이라도 붙잡고 악의 흥왕을 막아보려 했다면, 내가 싸우다 힘이 다해 쓰러질지라도 끝까지 선한 방법을 지킬 수 있는 지혜를 주소서. 선인 줄 알면서도 악의 동맹이 너무 강해 보여 선의 편에 서지 못하던 자들이, 나의 선한 싸움을 보고 힘을 얻어 선의 편에 동행하는 용기를 얻을 수 있게 하소서

고통 분담을 위해

주여.

나에게 나라와 민족, 가정과 이웃의 고통을 분담해서 질 수 있는 은혜를 주소서. 오늘 이 어려운 상황이, 나 혼자만 당하는 일처럼 낙심치 않게 하시고 나보다 더 큰 어려움 당한 이웃들을 돌아보는 여유를 주소서. 터져 나오는 원망과 불만을 스스로 삼켜서 내가 원망과 불평의 바이러스의 마지막 차단벽이 되게 하시고 이웃에게 희망을 전하는 주의 백성들이 되게 하소서. 모든 문제 해결을 정부에 기대하기보다 오늘 손해를 감수하며 질서를 따르는 게 더 큰 손해를 막는 지름길임을 깨닫게 하소서. 좀 편리한 일자리 잃었다고 낙담하지 않게 하시고 불편하고 힘들고 위험하다고 외국인에게 주어버린 일자리도 귀한 일터인 것을 깨닫게 하셔서, 농어촌을 도와 고향을 살리고, 나도 사는 길도 있다는 생각의 전환도 주소서.

지혜를 위해

주여.

정부로부터 공동체가 모여 드리는 예배에 대해 행정명령을 받고 당황스럽습니다. 교회와 목사님들에게 하늘의 지혜를 더하여 주소서. 행정명령 집행을 나온 공무원들이 그날 예배시간에 목사님을 통해 선포되는 설교 말씀을 듣고 구원의 하나님을 깨닫고 영접하는 은혜가 임하길 원합니다. 우리 목사님들은 이런 성령의 역사를 사모하며 성한 눈으로 율법과 제사와 성전이란 보이는 것 속에 담긴 진리의 말씀, 예수그리스도의 십자가와 부활의 복음을 찾아 1주일을 몸부림치게 하시고, 성도들은 목사님들이 순수한 복음을 준비하여 담대하게 전할 수 있도록, 사랑하는 담임 목사님과 한마음으로 간구하고 그의 짐을 나누어질 수 있는 은혜를 주소서.

목회기도

주여.

오늘도 사랑하는 성도들이 주께서 부르신 장소에, 주께서 복되게 하신 시간에, 주의 이름으로 모여 주의 말씀으로 쉼을 얻으려 합니다. 이 예배를 통해 그동안 세련된 예배, 문명의 도구에 의존해 드리던 예배에서, 서툴더라도 하나님만 의지하며 드리는 예배로 돌아서는 계기가 되게 하소서. 가정별로 예배 섬김이를 정하여 주보를 만들고 목사님의 설교 요약을 보며 말씀을 준비할 때, 수동적 예배에서 느끼지 못한 깊은 천상의 은혜를 경험하며 감사가 터져 나오게 하소서. 기독교인은 일요일에 교회당을 다니는 사람이라는 사회적 인식이, 이렇게 흩어져 드리는 가정예배를 통해 예수 믿는 자는 삶을 예배처럼 사는 자들이란 간증으로 바뀌게 하소서.

불편함이 감사가 되도록

주여.

세상이 교회들에 부탁하는 것을 종교탄압이라며 불편해하기보다, 교회를 향한 기대를 말하는 것이라 여기며 감사하고, 영적 비만을 군살을 빼는 기회로 삼게 하소서. 세상이 교회에 거는 기대만큼 교회가 세상과 구별되지 못함을 인정하고, 세상의 욕심으로 비만해진 우리의 믿음에서 복음적인 요소가 아닌 것들을 골라내 버리는 결단의 시간이 되게 하소서. 세상이 보물이라 합의한 것을 세상에 쌓기 위해 세상과 경쟁하여왔던 부끄러운 모습을 인정하고, 예수그리스도의 십자가와 부활의 복음을 하늘의 보물로 쌓는 교회들이 되게 하소서. 은혜란 말과 영적 신분, 율법적 행위 속에 감추어두었던 나의 무지와 게으름, 교만과 거만함, 꽉 막힌 사고와 집단이기, 무감각해진 정의감과 이기적인 사랑, 특별히 하나님 말씀에 대한 무지를 인정하고, 겸손하게 주의 뜻을 찾아 골방으로 향하게 하소서.

괜찮은 거지요?

주여.
지난밤부터 새날에 이르기까지
어려선 잘 들어보지도 못했던 트로트 가락에 취해
겨우 잠이 들었습니다.
괜찮은 거지요?

많은 사람이 함께 생활하는 것이 위험하다 하여
250여 명의 아이를
거둘 능력이 부족한 부모와 먼 친인척까지 찾아내
40도 가까운 뙤약볕 속으로 떼어내 보냈습니다.
괜찮은 거지요?

여러 일로 바쁘다는 이유로
당신과 독대하지 못함을 핑계 삼아왔는데,

오늘 아무것도 할 수 없는 상황에 이르자
나는 잠에 취해 있습니다.
괜찮은 거지요?

전대와 배낭과 신발도 없이 보냄을 받았어도
지금까지 부족함이 없었는데,
어쩌면 내게 다가올 시간이 아닐 수도 있는
불확실한 내일을 염려하고 있습니다.
괜찮은 거지요?

맘이 곤한 자들을 위해

주여.

그림자도 없고 소리도 없는 코로나 19가 문 앞에 서성이지만, 보지 못하고 듣지 못하는 우리는, 여전히 보이고 들리는 것만 실존이라 고집하고 있습니다. 보이는 형태도 없고 들리는 소리도 없던 것이 갑자기 이웃의 주검으로 나타날 때면 잠시 두려움을 느끼지만, 이미 우리의 입술은 당신의 이름을 부른 지 오래되어 소리가 나오지 않습니다. 가끔 광야에서 외치는 소리가 들려도 이미 믿음이 돼버린 세상의 부귀영화가 우리의 귀를 어둡게 하여 내 눈을 주께 돌리지 못하게 하지만 나는 어떠한 반항도 하지 못합니다.

주여.

소경 된 내 눈을 성하게 밝혀 아수라장이 된 이 세상에서 주의 말씀의 빛을 보게 하시고, 귀머거리 된 내 귀를 열어 아우성 속에서 나를 부르는 주의 음성을 듣게 하소서.

가정예배를 위해

"이번 주에도 가정예배를 준비하는 우리 성도들의 기도와 메시지가 이런 기도와 말씀이 되길 바랍니다."

주여.

우리의 기도와 메시지가 지금 있는 양들의 이름도 다 기억하지 못하면서 더 많은 양을 거느리고 싶어 질주하는 목사의 욕망에 브레이크가 되어 바른 말씀 선포로 돌아서게 하는 동기가 되게 하시고, 경제적 자립을 이룰 수도 없는 소수의 성도지만 바른 말씀으로 목양하기 위해 애쓰는 주의 신실한 종들과 그의 가족들에게는 위로와 용기를 주어 새 힘이 되게 하소서. 불의에 동맹한 자들에게는 악에서 돌아서는 용기가 되게 하시며, 정의와 진실을 외치던 선지자에게는 고독한 그 길을 포기할 수 없는 이유 하나를 더하게 하시고, 대형교회 목사와 우월감을 가지고 그런 교회에 다니는 교인들에게는 거룩한 부담이 되게 하시며, 인간의 눈에는 실망스러운 환경뿐이지만 그 예배의 지정석을 지키려는 신실한 성도들에게는 위로와 희망이 되게 하소서.

비대면 예배

지금 우리가 만나는 상황도
당신의 섭리 중 한 한 부분이라 믿고 감사합니다.
하지만, 이 길이 낯설고 힘든 것은,
그동안 우리가 생각했던 믿음과 순종이
하나님의 뜻과는 달리
지극히 이기적이었기 때문이란 사실을 고백합니다.

하나님의 뜻과 무관하게 살아온 우리 삶의 방식을
겸허하게 인정하는 기회가 되게 하소서.

복음을 앞세워 우쭐댔던 여러 모습 이면에 숨겨진
우리의 거짓과 위선, 하나님의 이름을 도용해
나의 이름을 위했던 부끄러운 모습들을 찾아
회개하며 돌이키는 기회로 삼게 하소서.

세상의 비판과 조롱, 감시가 두려워

교회당과 거리를 두려는 것이

결코 지혜로운 선택이 아니라는 사실을 깨닫게 하소서.

나와 하나님 사이를 갈라놓으려는

숨겨진 악한 영의 간교한 계략에 맞장구치는

어리석은 생각에 빠지지 않게 하시고,

비대면 예배의 시간일지라도

나를 더욱 적극적으로 거룩한 존재로

다듬어 가는 시간으로 활용하게 하소서.

사람의 체면과 정성을 의지했던 믿음과 예배에서

당신의 불가항력적인 은혜에 힘입어 공동체 예배를 찾고,

그 예배의 지정석과 지정시간과 지정역할을 지키기 위해

더욱 성실하고 거룩하게 세상에서의 6일을

살아가는 성도로 회복시켜 주소서.

나를 위해 기도하는 교회 목사님들과 섬기는 자들의

안부 전화를 반갑고 따뜻하게 받지 못하는

나약하고 모난 성품을 용서하시고,

먼저 전화도 드리고 감사하고 서로 위로하는
강하고 용기 있는 자들로 성숙시켜 주소서.

날마다 당신의 뜻을 바르고 깊게 깨닫는 것이 기쁨이 되게 하시고,
주안에서 거룩하게 사는 것이 행복이며
내 안의 죄와 싸워 이기는 것이 기도의 제목이 되게 하소서.

세상이 비판하는 교회를 더욱 사랑하고
거룩하게 지키려는 사명을 회복시켜 주시고
주의 섭리에 순종하며 담대하게 승리하는 은혜를 입게 하소서.

제5부

국가와 민족 그리고 선교사

몽고 성도들이 스스로 준비한 선교 집회에 초청받아 갔었다. 무용을 전공한 한국 성도들이 주의 은혜를 현대무용으로 표현하기 전에 대기실에서 기도하고 있다. 천사들의 찬양이었다.

발람의 나귀

(민 22장 묵상 중)

지금 내가 가겠다는 길이

하나님의 뜻을 빙자한 나의 욕심을 따르는 길이지만

이 길을 막지 않으시고

그렇게 가는 길일지라도

하나님의 뜻을 행하길 원하신 여호와 하나님!

그러나 여전히 내 뜻에 취한 나라면

발람의 나귀에 타게 하시고

나귀로 내 발을 담에 짓누르게 하소서.

그래도 깨닫지 못하고

오히려 나귀를 때리는 나라면

나귀의 입을 열어

'나는 오늘까지 당신이

평생 타고 다니는 나귀가 아닙니까?

내가 당신에게 이렇게 한 적이 있었습니까?'라며

내가 고집부리며 가려는 길을 막아서게 하시고

그로 인해 내가 하나님의 뜻을 밝히 깨닫게 하소서.

요나의 투정

요나의 투정과 분노를 받아주신 주님!

저에게도 화해하기 싫은 '니느웨'가 있고 가고 싶은 '다시스'가 있습니다. 내 불순종으로 내가 탄 배가 풍랑을 만나고 사람들은 모든 물건을 바다에 버려야 했으며 나는 깊은 바다, 물고기 뱃속까지 던져졌어도 분노를 버리지 않았는데 주님은 내게 은총을 베푸셨습니다.

주여!

이 어리석은 자의 분노가 가족이나 이웃, 동역자에게 터뜨려지지 않게 하시고, 은혜로우시고 자비하시며 노하기를 더디 하시고, 인애가 크신 당신 앞에서 회개하며 터지는 은혜를 입기 원합니다.

주여!

당신이 받으신 십자가의 고난 속에 이런 저의 죄의 쓴 뿌리가 뽑히게 하시고, 부활하신 당신과 함께 생명을 품고 사랑하며 감사하고 기뻐하며 살게 하소서.

불편한 환경

하나님 아버지.

우리를 죄인이 두려워하고 불편해하는 환경으로 인도하시어 우리가 세상이 아닌 참 평안의 하나님에게로 관심을 돌리게 하시니 감사합니다. 신종코로나 바이러스로 인하여 하나님의 뜻이 없는 인간의 노력과 그 결과가 어떠한지를 보며 죄인들의 파열된 브레이크에 제동을 걸어주서서 감사합니다. 오늘 인류에 발생한 상황을 하나님의 섭리 안에서 깨닫기 위해 하나님의 뜻을 알기 원하는 우리 영적 대가족들이 되게 하소서. 그래서 내 뜻대로 되지 않은 현실에서 하나님의 은혜를 깨닫고 찾는 영적 대가족이 되게 하소서.

절제와 집중

하나님 아버지!

우리 민족이 지금은 제발,

선입견에 지배받은 감정표현을 절제하게 하시고

슬픔도 꾸역꾸역 삼키고

분노는 혀를 깨물며 억누르고

위로의 말마저 조심하며

모든 국민과 국가의 힘을

생명을 구하는 일에만 집중하게 하소서.

*세월호 앞에서

우리 민족

주여!

우리는 가까운 가족과 민족, 동역자에게는 이상하게도 온유하고 친절한 사랑을 잘 베풀지 못하는 약함이 있고, 이것을 마치 공의처럼 여기는 위선이 있습니다. 특히 우리의 의도와 관계없이 나누어져 반세기를 넘게 살아온 북한 동포에 대해, 사랑으로 하나 되려고 노력하기보다 서로 적대적 감정을 부추기며 분노를 더 키워왔습니다. 외부세력은 이런 우리의 어리석음을 이용해 우리 민족을 세계의 놀림거리로 삼으며 자기들의 이익을 챙기려 하고 있습니다.

주여!

우리 남한의 교회들이 요나와 같은 자기 의로 점철된 분노를 불쌍한 북한 동포들에게 향하지 않게 하시고, 십자가에 죽으시고 부활하신 주님 앞에 터뜨리고 회개하며 민족에 대한 사랑을 회복해 가게 하소서.

남과 북

아버지 하나님!

우리 한민족에게 지혜를 주셔서 창의적인 문자를 만들어 사용하며 고유한 문화를 이루어 오게 하신 은혜에 감사합니다. 특수한 지정학적 위치에서도 주권국가를 세울 수 있는 은혜를 주신 것도 감사합니다. 이로 인한 우리의 교만한 힘을 꺾으시려 우리를 남북으로 나누어 하나님을 찾게 하고 의지하게 하신 것도 감사합니다. 어리석은 형제의 불장난 같은 힘자랑에 사랑을 품은 형제들의 마음이 분열되지 않게 하시며, 더욱 침착하게 인내하며 얼어붙은 저들의 마음을 녹여갈 수 있는 더욱 따뜻한 마음을 주소서.

에덴을 사모함

전능하시고 사랑이신 아버지 하나님.

코로나로 익숙하지 않은 환경 속에서도 당신을 찾는 은혜를 주셔서 감사합니다. 세상 사람들은 익숙한 것에 머무는 것을 복이라 생각하기에 낯선 환경을 만나면 불편해하고 그 상황에서 벗어나는 것을 은혜라 생각합니다. 하지만 코로나에 담긴 하나님의 뜻 중 하나는 내가 주인이 되어 사는 문명의 이기로부터 하나님께 순종하며 사는 하나님 나라의 삶으로 되돌려 주시기 위한 사랑이라 믿습니다.

주여. 우리가 코로나 이전의 삶을 그리워하기보다 죄가 들어오기 전 에덴동산의 삶을 사모하는 믿음을 회복하게 하소서. 주께서 코로나를 잠잠케 하실 때 우리의 문명중독도 깨끗이 해독해 주셔서, 가난하고 애통해하는 마음으로 주의 위로를 바라며 사는 온전한 성도의 삶으로 회복시켜 주소서. 아버지의 말씀을 따라 문명을 개발해 갈지라도 문명에 취하는 자들이 아닌, 함께 성장하며 서로 돌보는 우리의 본분을 잘 감당하게 하소서.

예배자

전능하신 사랑의 아버지 하나님.

세상의 종이 되어 살아가던 우리를 그 억압과 핍박에서 구원해 아버지 하나님 앞에 예배하는 자로 인도하여 주셔서 감사합니다. 죄의 종이 되어 사는 것에 익숙했던 우리에게 약속의 말씀을 주시고, 그 말씀을 깨닫고 자신 안에 있는 남은 죄의 뿌리와 싸우며 애통해하는 주의 택한 종을 우리에게 보내어 때를 따라 필요한 하늘의 만나를 먹여 주셔서 감사합니다

우리의 영혼을 위하여 경성하기를 자신들이 청산할 자인 것 같이 날마다 고통 가운데 기도하는 주의 종들에게 이 일을 즐거움으로 감당하도록 은혜 내려 주시고, 우리는 우리를 주의 말씀으로 인도하는 자들에게 순종하고 복종하게 하옵소서. 혼자서는 아무것도 할 수 없는 죄인의 연약함을 아시고 함께 아버지 앞에 서서 예배하는 형제와 자매, 주께서 피로 값 주고 사신 성도들과 우리가 다 같이 모여 아버지 앞에 예배하는 공간, 예배당을 주셔서 감사합니다.

그러나 우리는 주의 은혜를 기억하고 주의 말씀에 순종하여 지혜를 얻고 강하고 담대하게 세상을 이겨나가기보다, 세상의 헛된 것을 추구하며 염려하고 걱정하는 어리석은 삶을 반복해 왔습니다. 주 앞에 모여서도 거룩하신 하나님 아버지의 이름보다 나의 자랑거리를 만들고 나의 영광의 바벨탑을 쌓기에 혈안이 된 죄인들입니다.

아버지.

주의 긍휼의 은혜를 베푸시어 발악하는 우리의 목을 밟고 내 안의 죄를 꺼내 깊은 바다에 던지소서. 내 자랑거리 속에 숨겨진 죄들을 꺼내 회개하게 하시고 가난한 심령을 만드시어, 그곳에 약속하신 주의 나라를 세워 주시고 주께서 통치해 주소서. 코로나의 위협과 불편함이 우리의 삶을 통제할 때 그 속에 있는 주의 계시를 보고 듣게 하시고, 격리된 공간을 주를 만나는 기도의 골방으로 삼고 문을 닫고 기도를 회복하게 하소서.

왜 여호와께서 모세에게 하나님 앞에 공동체가 함께 모여 예배와 축제를 즐기는 곳을 사흘 길을 걸어가야 하는 광야로 지정했는지, 그 길을 가기 위해서 어떻게 세상의 통치자, 바로와 영적 전쟁을 해야 하는지, 그동안 듣고 읽고 배웠던 말씀을 통해 깨닫는 기회로 삼게 하소서. 격리된 장소에서 터지는 애통과 주의 위로를 받은 성도들이 부르는 찬양으로 코로나 바이러스가 물러가게 하시고 두려워 떨며 섬멸되게 하소서. 세계 교회에 코로나 대각성 회개운동이 일게 하시고 신령과 진정으로 드리는 예배가 회복되게 하소서.

자랑거리에 긍휼을

주여.

나를 당신이 나를 긍휼히 여기신 단계로 낮추어 주소서. 부끄러운 자랑거리 하나만 있어도 십자가의 은혜를 망각하고 내 뜻대로 살아보겠다고 꿈틀거리는 내 욕망의 목을 밟고 내 속의 죄를 도말하소서. 당신의 은혜라며 내놓는 인간의 자랑거리를 민망하다 하신 당신의 마음으로 회복시켜 주소서. 내 자랑 속에서 당신과 경쟁하려고 선악과를 따 먹은 아담의 가쁜 숨소리를 듣게 하소서, 내가 당신을 향해 쌓아가고 있는 바벨탑의 화려한 불빛으로 나의 죄를 비추어 주시고, 그 바벨을 쌓기 위해 내가 쏟아놓은 거짓말을 듣게 하시고 나의 추한 입술을 보게 하시며, 성경은 그 종말을 어떻게 기록해 교훈을 남기셨는지 두려워하게 하소서.

주여,

당신은 물고기 두 마리와 보리 떡 다섯 개로 당신 앞에 모인 모든 사람을 배불리 먹이시고도 남기셨던 분임을 보고도, 우리의 믿음은 당신 앞에 산해진미 진수성찬을 차려 드리는 것이 은혜받은 자의 모습 인양, 변질되어 있습니다. 나의 소유를 힘으로 착각하고 불쌍히 여겨야 할 자들의 손길을 뿌리쳤고, 거룩한 일에 헌신하는 자들의 영적 자존심을 짓밟기도 했습니다. 오히려 이런 행위를 우쭐댔습니다. 우리를 불쌍히 여기시고 주의 긍휼을 놓지 마소서.

이런 선교사가 되게 하소서

전도자이기에 앞서

먼저 복음으로 변화되어 가는 자 되게 하시고

하나님께서 부르실 영혼 앞에 서기 전에

나를 창조하시고 구속하신 주님 앞에 먼저 서게 하소서.

사랑을 가르치기보다는 사랑을 실천하는 자 되게 하시고

의를 설명하기보다 의인의 삶을 살게 하소서.

평화를 노래하기 전 평안을 누리는 자 되게 하시고

기뻐하라 말하기 전 진정 주안에서 즐거워하는 자 되게 하소서.

감사하라 설교하기 전 감사의 삶이 되게 하시고

기도를 가르치기 전 기도의 생활이 되게 하소서.

섬김받으려 하는 대신 섬기는 자가 되게 하시고

이끄는 것을 좋아하기보다 밀어주는 것을 기뻐하게 하소서.

쉬이 실망하고 좌절하는 연약한 자에서

신실하신 주의 약속 앞에 오래 참는 자로 세워 주시고

문화의 정복자가 아닌

문화의 주인 되신 하나님께로 문화를 회복케 하는 자 되게 하소서.

젊음의 열심보다는

믿음의 선진들의 발자취를 더듬어 되새기는 지혜로운 자 되게 하시고

나의 강함을 드러내기보다

나의 약함을 인정할 줄 아는 겸손한 자 되게 하소서.

전국 방방곡곡을 누비는 팔방미인이기보다는

맡겨진 한 가지 일에 신실한 자가 되게 하시고

유명한 선교사가 되기보다

썩어져 가는 밀알이 됨을 기뻐하고 만족하게 하소서.

다듬어진 쉬운 길 가기보다는

아무도 가지 않은 길 찾아가는 믿음의 용기를 가지게 하시고

남의 터 위에 세운 많은 것보다는

스스로 땀 흘려 얻은 작은 열매에서 희망을 찾는 자 되게 하소서.

세계를 누비는 선교사보다는

현지 영혼과 만남을 더 즐거워하고 자랑스러워하는 사명자 되게 하

소서.

많은 후원자를 바라기보다
사명감이 있는 기도 동역자를 만나게 하시고
기도편지는 사역을 보고하는 의례적인 보고서가 아닌
동역자들과 함께 신앙고백을 나누고
하나님에 대해 지혜가 더욱 충만케 되는
바울 서신을 닮게 하소서.

주여.
이 영혼들을 사랑하고자 왔사오니
저들의 끝없는 실망스러운 모습에도 불구하고
당신이 우리에게 그리하신 것처럼
저들을 사랑하는 마음이 변치 않게 하소서.

선교사, 시편, 자립 선교

선교의 종점은 주께서 다시 오시는 날이지만 부름받은 사명자의 마무리는 시편이 되면 좋겠다. 다윗과 솔로몬왕은 보이는 성전만 세운 것이 아니다. 그 가운데 깨달은 은혜를 기록해 말씀을 남겼다.

시는 내 자랑 속에 숨겨진 부끄러움을 고백하고 가난한 심령으로 천국을 누리는 것이며 내 영광 속에서 억울한 눈물을 발견하고 침상을 적시는 애통 가운데 주의 위로를 받는 것이다. 내 부끄러움에서 주의 긍휼을 보는 것이고 내 슬픔 속에서 주의 뜻을 깨달으며 분노 속에서 내 어리석음을 발견하는 것이다. 시는 내 삶을 십자가 밑에 내려놓고 의에 주리고 목마른 자가 되는 것이며, 내 이름의 영광을 위했던 삶을 죄로 고백하고 의를 위하여 핍박을 받으며 천국을 누리는 것이다.

내가 사역 현장에 세운 건물들은 사라지고 없어질 수 있지만 내가 쓴 시편은 주께서 내게 맡긴 일이 주님 오시는 날까지 지속될 수 있도록 하는 영적 자립과 자립 선교의 한 기둥이 될 것이다.

경건의 모양과 능력

주여.

내 경건의 모양에

세상이 부러워할 만한 화려함과 웅장함이 없어도,

담겨 있는 당신의 거룩함으로

비둘기처럼 순결하고

뱀처럼 지혜로우며

여호수아처럼 강하고 담대하게 하시어,

세상 가운데서 하늘의 빛이 되고

녹아 하늘의 맛을 내는

소금이 되게 하소서.

나의 강함이

이웃의 약함을 채워줄 수 없고

나의 잘남이

이웃의 모남을 다듬어주지 못할지라도

날마다 나의 모남 다듬어감을 게을리하지 않게 하시고

나의 가난 벗지 못했어도 이웃의 평안을 지켜주며

이웃의 꿈을 짓밟으며

내 꿈 이루려 하지 않게 하소서.

하늘의 일용할 양식으로

세상 양식의 욕구를 통제하게 하시고

천국 시민의 의무와 책임 때문에

세상에서 더욱 성실한

나그네로 살게 하소서.

내 땀의 수고와 그 열매가

내게만 독점되기 바라는 마음을 두려워하게 하시고

이웃들과 공정분배 되는 것을 감사하게 하시며

내가 약속의 말씀에 순종하며 사는 모습이

경건의 모양에 실망하고 상처받은 자들에게 위로 되게 하시며

정직하게 노력하며 사는 자들에게는

거룩한 희망이 되게 하소서.

내가 머문 자리엔

주여, 이렇게 살고 싶습니다.

기도보다
행함이 앞서지 않게 하시고
말씀보다 생각이 먼저이지 않게 하소서.

증인 된 삶보다
가르침이 앞서지 않게 하시고
당신의 나라보다
사역이 우선이지 않게 하소서.

사랑의 열정보다
상대를 알아가는 기쁨이 크게 하시며
당장 나타나는 반응보다

무르익어가는 열매를 기다리게 하소서.

숨기고 감춰야 하는 명예나 재물보다
평안함이 가득한 진실 된 고독을 즐기게 하시며
홀로 풍요함보다는
나눔이 있는 소박한 연합을 이루게 하소서.

그래서
나의 머문 자리엔
당신의 향기만 그윽하게 하소서.

주여 은혜를

주여.

은혜를 주옵소서.

지으신 세계를 보고 당신을 느낄 수 있게

지저귀는 새소리에서 당신을 찬양하는 선율을 그릴 수 있도록

풀벌레 울음에서 당신 향한 그리운 노래를

이름 모를 꽃들에서 당신의 존재를 보게 하소서

물속을 헤엄치는 물고기들과 푸른 들을 뛰노는 짐승들을 보며

오묘한 주님의 솜씨 찬송하는

웅장한 오케스트라의 화음을 듣게 하소서.

쏟아지는 빗속에서 주의 신실하신 약속 기억하며

소복이 쌓여가는 흰 눈 속에 당신을 향한 나의 사랑 쌓아짐을

축복으로 느끼게 하소서.

앙상한 나목 위에 돋는 새순과
폭풍우 지나간 들판에 영근 풍요를 보며
내가 살아가는 것이 주의 은혜임을 알게 하소서.

새해 계획

주여,

새해를 계획합니다.

내 생각들이 당신의 진리 말씀에 신실하게 순종하게 하소서. 내가 사람들 앞에서 유명한 자가 되려는 일이나 위대한 업적을 꿈꾸지 않게 하소서. 좁은 길을 가는 자와 함께 가는 계획을 세우고 내 이웃과 함께 나눌 생각을 가르쳐 주소서. 어리석은 자들이 보더라도 그들도 함께 인정하고 깨달음을 얻을 수 있는 생각을 나누게 하시고 그 길을 강하고 담대하게 걸어갈 지혜를 주소서. 그리하여 당신의 뜻 안에서 협력하여 선을 이루는 은혜도 맛보게 하시고, 나를 품어 준 이웃들이 복되게 하셔서, 그들의 입술로 나와 함께하시는 하나님의 은혜와 여호와의 이름을 찬양하게 하소서.

정직하고 진실하게 사는 이웃을 존경하며 가까이하고 배우게 하시며, 최선을 다해 열심히 살되 세상에서의 잘 됨을 부러워하지 않게 하소서. 칭찬받을 때 나의 약함을 보며 겸손하게 하시고, 억울한 일 당할 때

시험에 들지 않게 하시고, 나의 성숙하지 못한 인격을 다듬어가게 하소서. 나의 어리석음 때문에 예수의 이름이 조롱받지 않도록 깨어있게 하시고, 십자가의 의를 위하여 핍박받을 때 분노하지 않고 평안한 마음으로 십자가를 생각하게 하소서.

이웃의 슬픔에는 정성을 담은 사랑의 마음과 함께 슬픔을 나누게 하시고, 이웃의 자랑스럽고 기쁜 일에는 그들의 마음으로 함께 축하하며 겸손하게 배우는 기회로 삼게 하소서. 진리의 말씀을 따라 사는 삶이 세상에서는 어리석은 짓이 될지라도 그것을 만족하고 감사하며, 온유하게 주의 섭리를 믿고 기다리는 자가 되게 하소서.

일상을 위해

주여. 오늘도 당신의 뜻 안에서
감사를 깨닫고 느끼는 날이 되게 하소서.
세상이 우리의 원대로 되지 않아도
세상을 움직여 가시는 분은 신실하신 주님이심을 믿고,
주어진 일상과 상황 가운데서 주의 뜻을 깨닫기 위해
기도의 골방으로 들어가는 우리가 되게 하소서.

편안하고 편리했던 때에 겸손하게 주님을 찾지 못하고
오히려 멀리했던 어리석음을 고백하고,
오늘 우리가 만나는 죄의 증상들을 통해
주의 은혜를 더 깊게 깨닫는 기회로 삼게 하소서.

크고 위대한 일을 계획하고 그 방법을 배우기 위해
시간과 에너지를 낭비하는 우둔함에서 깨어나

이미 내게 주어진 의무와 책임에 신실한 자가 되게 하소서.

내 형편에 부담스러운 일을 꿈꾸었던 욕심에서 벗어나
내 삶의 규모에서 할 수 있는 사랑과
섬김의 기회를 감사하며 귀하게 여기고 충성하게 하소서.
오늘도 하찮아 보이는 일상에서 승리하는 하루가 되게 하소서.

교회 안의 여러 조직

주여.

이 땅에 세워진 교회 안의 여러 조직, 당회, 제직회, 남전도회, 여전도회, 시찰회, 노회, 총회 등이 자신 안에서 하나님 나라의 이름으로 변형된 죄의 욕망을 깨닫고 주의 거룩함을 목표로 자신들의 속 사람의 변화를 목표로 조직을 이끌고 지체들을 섬기게 하소서.

내게 직분을 주심은 하나님께서 나를 통해서 해야 할 일이 있어서이기보다 나는 이런 직분의 부담감을 가지고 주변의 여러 감시를 받으며 나의 욕망을 절제하지 않으면 악취뿐인 존재라는 걸 깨닫고, 주신 일을 충성스럽게 감당하는 가운데 주의 거룩한 향기로 변화되는 은혜를 경험하게 하소서.

서기관들과 바리새인들이 음행 중에 잡힌 여자를 끌고 예수님 앞에 세우고 모세의 율법을 들어 심판을 요구했을 때 예수님께 말씀하신 "너

희 중에 죄 없는 자가 먼저 돌로 치라"하셨던 말씀을 기억하며,

이삭이 그의 아버지 아브라함처럼 가족들을 먹여 살리기 위해 이방인에게 아내를 누이라고 거짓말했지만, 블레셋 왕 아비멜렉이 이삭과 리브가가 사랑을 나누는 것을 창으로 내다보고 이삭을 "너의 거짓말 때문에 우리 백성 중 하나가 네 아내와 동침할 뻔하였도다, 네가 죄를 우리에게 입혔다"라고 꾸짖었던 말씀을 기억하며, 성도와 교회들이 사회적 책임과 의무를 다하지 못함을 부끄러워하며 주를 찾아 기도의 골방으로 들어가게 하소서.

"너는 복의 근원이 될 것이다. 너를 축복하는 자에게는 내가 복을 내리고 너를 저주하는 자에게는 내가 저주하리니 땅의 모든 족속이 너로 말미암아 복을 얻을 것이라" 하신 약속의 의미를 깨닫고 아무도 우리를 저주할 수 없을 만큼 신실하고 거룩하게 살려고 처절하게 노력하는 주의 종들이 되게 하소서. 그래서 복의 근원의 신분을 회복하고 누리며 사는 이 땅의 교회들이 되게 하소서.

다시, 기도

주여!

올 한해도 우리 가족이 받은 은혜를 잊지 않고 살게 하소서. 하나님의 은혜에 대해서는 주님만 신뢰하고 의존하는 믿음으로 먼저 그의 나라와 의를 구하도록 하시고, 사람을 통해 받은 은혜는 그 은혜가 어떤 것이었든 살면서 잊지 않아야 할 빚으로 가슴에 새기고 마음을 담은 감사로 갚겠다는 다짐과 노력을 게을리하지 않게 하소서. 세상의 성공보다 하나님을 경외하는 마음으로 보이지 않는 하나님의 시선 앞에 두렵고 떨림으로 정직하고 진실하게 사는 것이 기쁨이 되게 하시며, 멀리 있는 육신의 가족에게 사랑 표현을 게을리하지 않고 가까운 영적 대가족과 함께 위로와 평강을 나누며 살게 하소서.

영적 건강 종합검진표

주여.

이렇게 나의 신앙생활을 점검하며 하나님 앞에 순종의 삶을 살기 원합니다.

1. 나는 내가 원하는 대로 되지 않아도 하나님께 예배하는 것을 중단하지 않는 예수그리스도 안에 있는 믿음인가?

2. 공동체와 함께 드리는 예배의 지정석을 지키고 있는가?

3. 공동체 예배의 지정시간을 지키고 있는가?

4. 공동체 예배의 지정석에서, 지정시간에, 지정 역할이 있고, 그 책임을 다하고 있는가?

5. 내가 말없이 지정석을 비울 때, 다른 사람이 말하지 않아도 담임목사님이 그것을 알 수 있는가?

6. 각종 명목이 없어도 능동적으로 헌금을 준비해 감사하고 있는가?

7. 어떤 장소 어떤 상황에서도 나는 ○○○○ 교회 성도라고 말할 수

있는가?

8. 내가 수고하고 땀 흘려 일하는 이유 속에, 내 가족을 향한 마음과 동일한 부담으로 책임져야 할 사람이 있는가?

9. 교회에 대해 주인의 책임감과 의무가 있는가?

10. 일 년에 한 번 이상 공동체 예배 순서에 참여하고 있는가?

나를 위한 간구 하나

주여.

내가 무지함으로 헛된 욕망에 빠질까 두렵습니다.

내 욕망 때문에 정의와 진리를 외면하지 않게 하시고

내 도움이 절실히 필요한 자들의 손길은 외면한 채

나보다 더 힘 있는 자를 의지하려는

어리석음에 취하지 않게 하소서.

내가 지혜의 근본이신 당신을 의지할 때

주의 뜻과 내 욕망을 구별할 수 있는

거룩한 지혜를 회복시켜 주소서.

욕망에 취한 것을 거룩한 비전처럼

세상의 화려함을 덧입고 내 이웃을 유혹하지 않게 하시고,

욕망에 취한 자의 유혹에 나의 게으른 삶의 습관이 넘어가,

그의 욕망을 해결사처럼 믿어버리는 어리석음에 들지 않게 하소서.

내 이름의 영광을 추구하다가

교만에 빠지는 우를 범치 않도록 도우소서

진정 겸손하게 배워야만 할 것을 외면하거나

가서는 안 될 길로 가는 것을 막아 주시며

이웃의 기쁨에는 인색하면서

슬픔에는 값싼 위로를 던지는 위선에 빠지지 않게 하소서.

세상 지식을 하나님 나라의 지혜처럼 착각하지 않게 하시고

주의 이름을 빌려 지혜로운 자인 것처럼 거짓에 빠지지 않게 하소서.

주가 주신 소유에는 생명에 대한

책임과 의무가 있음을 잊지 않게 하시고

내가 품은 영혼들이 값싼 동정의 대상이 되지 않도록

내게 맡겨 주신 일에 성실하고 충성하게 하소서.

보이는 세상의 악보다

보이지 않는 내 안의 악을 두려워하게 하소서.

주여.

내가 드리는 예배에서

내 성공이나 영광을 위한 소원은 멸하여 주시고,

오직 사랑이신 당신의 뜻만

풍성하게 깨달아져 감사하는 예배가 되게 하소서.

나가는 글

제 모든 믿음의 행위, 곧 교회 생활이나 선교적 삶의 목적은 하나님의 뜻을 바르게 알고 그 뜻에 합당한 자로 변화되어 하나님과 좀 더 가까워지는 것입니다. 비록 바라는 만큼 변화되는 것이 어렵고 가끔은 오히려 출발했을 때보다 더 뒤로 후퇴할 때도 있지만 말입니다.

코로나 19는 사회적 문제의 이유를 그가 아닌 내 안에서 찾아보라고 주신 하나님의 은혜라 생각했습니다. 이런 관점으로 40일 동안 기도문을 써서 공동체 여러 지체들과 나누며 함께 기도해 보았습니다. 모든 대상에게 합당하지 않을 수도 있어서 공유하지 못한 기도문도 있지만, 그러함에도 불구하고 제 마지막 기도는 감사입니다.